TRAITÉ PRATIQUE

DE

GRAVURE SUR VERRE

PAR LES

PROCÉDÉS HÉLIOGRAPHIQUES

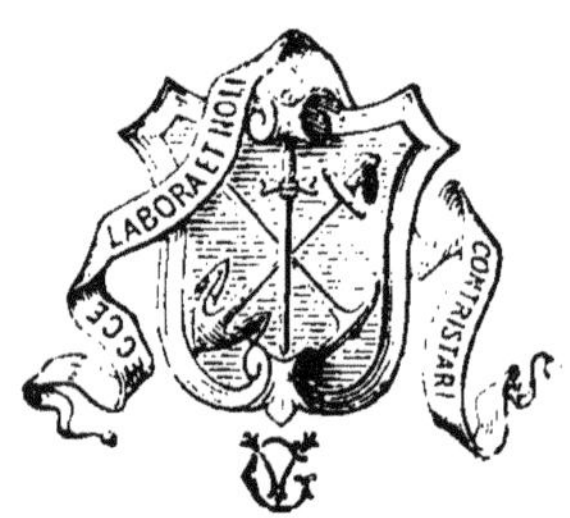
ECCE LABORA ET NOLI CONTRISTARI

BIBLIOTHÈQUE PHOTOGRAPHIQUE

TRAITÉ PRATIQUE

DE

GRAVURE SUR VERRE

PAR LES

PROCÉDÉS HÉLIOGRAPHIQUES

FONTE ET FABRICATION DU VERRE. — PRÉPARATION DES VERNIS.
PROCÉDÉS DIVERS DE GRAVURE, MÉTHODES INÉDITES.
OBTENTION DES CLICHÉS POSITIFS SUR VERRE.
PIERRES FINES ET IMITATIONS. — OXYDES COLORANTS, ETC.

Par GEYMET.

PARIS,
GAUTHIER-VILLARS, IMPRIMEUR-LIBRAIRE
DU BUREAU DES LONGITUDES, DE L'ÉCOLE POLYTECHNIQUE,
Quai des Grands-Augustins, 55.

1887

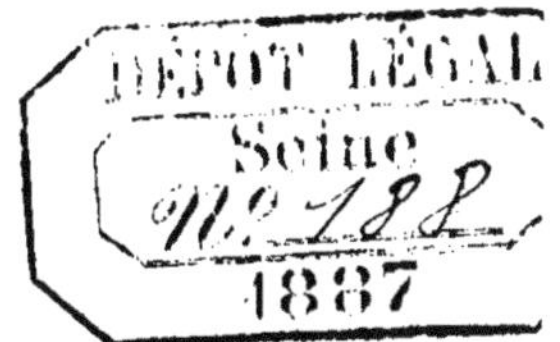

INTRODUCTION.

Nous avons traité, dans une série de livres spéciaux sur les applications photographiques, divers genres de Gravures héliographiques.

La Gravure en creux et en relief, traits et demi-teintes par l'acide.

La Gravure en relief, traits et demi-teintes en pseudo-relief et en creux, par la même méthode.

La Gravure en creux et en relief par le courant interverti et par galvanoplastie.

Il reste à nous occuper de la Gravure sur verre.

Nous espérons que nos lecteurs, toujours indulgents, voudront bien nous suivre dans cette nouvelle étude.

Ils trouveront dans ce volume, non seulement des aperçus précis sur les moyens employés par les graveurs sur verre, mais encore de nouveaux procédés héliographiques qui méritent toute leur attention.

Ces méthodes permettent à l'industriel et à l'amateur de graver sur verre blanc et sur verre à plusieurs couleurs superposées, non seulement le dessin au trait le plus délicat, mais aussi les dessins estompés ; et cela en combinant les procédés que nous avons développés dans nos deux Traités de Céramique avec les méthodes qu'on lira au cours de ce volume.

On ne se fait pas une idée précise de toutes les productions curieuses et industrielles qu'on peut obtenir en prenant le verre comme point de départ de ces travaux, la lumière pour auxiliaire, et les vapeurs d'acide fluorhydrique ou l'acide lui-même comme agent corrosif employé seul ou en combinaison avec d'autres acides.

TRAITÉ PRATIQUE

DE

GRAVURE SUR VERRE

PAR LES

PROCÉDÉS HÉLIOGRAPHIQUES.

PRÉLIMINAIRES.

Origine du verre.

Le verre a servi aux usages domestiques, à l'ornementation des temples, des palais et des habitations particulières dès la plus haute antiquité.

Les verriers hindous, phéniciens et ceux de l'Égypte, de la Grèce et de Rome, pour qui la Chimie était lettre morte, ne se rendaient pas compte du rôle des oxydes, des sels et des acides.

Les notions acquises par l'expérience et par la constatation des faits, en dehors de toutes notions raisonnées et scientifiques expliquant le pourquoi des combinaisons, se transmettaient par tradition et plus tard par des écrits, dont quelques lignes ont survécu, qui désignaient les matières à choisir et la marche à suivre dans l'exécution.

On ne connaissait pas exactement le rôle de telle ou de telle substance dans la vitrification.

C'est à la Chimie moderne que nous devons des règles précises et invariables.

Par une étude approfondie des substances minérales, le chimiste a indiqué la nature des matières simples ou complexes qui, combinées ensemble par la chaleur, se transforment en flux vitreux.

Les premiers verriers, et ce n'est pas un petit mérite, ont pu cependant, à une époque que l'histoire ne saurait déterminer, travailler le verre, le tailler, le graver et le transformer en bouteilles par le soufflage. Le coulage même ne leur était pas inconnu.

Ils savaient encore, en employant les ocres naturelles et les sels de cuivre produits naturellement par l'oxydation du métal, teinter le verre et l'incruster.

Tous les objets de première nécessité ont une origine qui se perd dans la nuit des temps. Le verre est de ce nombre.

Aussi Pline l'Ancien attribue-t-il la découverte du verre aux Phéniciens. Hérodote nous dit qu'il existait depuis longtemps des verreries dans l'Inde et en Égypte.

La fabrication du verre aurait donc été en pleine activité dix-neuf cents ans avant l'ère chrétienne.

D'après certains passages de quelques historiens grecs et latins, le verre était connu en Égypte du temps d'Abraham.

Il est prouvé par les faits qu'au temps des Pharaons, les Égyptiens composaient des émaux, des pierres fines, des vases à boire et des urnes funéraires.

On a trouvé, et ces pièces sont visibles dans tous les musées, des objets d'art et d'utilité dans des tombeaux qui remontent au règne de Sésostris, même avant Moïse. Les miroirs, si l'on s'en rapporte au récit de Pline, furent inventés à Sidon.

L'art de fabriquer le verre fut transmis aux Grecs par les Égyptiens. Les Romains eurent les Grecs pour maîtres. Cette industrie passa dans les Gaules après la conquête. On a retrouvé dans les ruines de Pompéi et d'Herculanum des fenêtres avec des carreaux en verre.

Au XIIe siècle, la fabrication du verre était en pleine activité à Venise, et, au XVIe siècle, les miroirs provenant de Lorraine avaient acquis une grande réputation.

Henri III fit établir une verrerie à Saint-Germain-en-Laye. Il appela des ouvriers vénitiens pour diriger le travail.

C'est à partir de Louis XIV que la fabrication du verre a pris un grand développement en France. La manufacture de Saint-Gobain date de cette époque. Elle tient encore le premier rang en Europe.

Ce sont les recherches des chimistes de ces derniers temps qui ont élucidé la question du verre et qui lui ont fait faire d'immenses progrès par l'étude de la synthèse minéralogique.

L'analyse est insuffisante pour reconstituer les minéraux formés par la nature, et cependant rien n'échappe au chimiste dans l'analyse des corps inorganiques. La science y trouve toute satisfaction et tout apaisement.

L'hypothèse n'est que l'exception. Elle ne porte du reste que sur la nature intime du corps simple, jamais sur les agrégations moléculaires des matières en combinaison.

Leibnitz avait compris que la nature n'est qu'un art plus grand, et que le chimiste devait chercher à reproduire dans son creuset réduit les éléments que la nature lui montre tout formés dans les mines et dans les carrières.

Buffon remarquait, de son temps, que les substances vitrescibles naturelles fondaient à la même température que les produits combinés par le verrier. Il pressentit que divers silicates pouvaient cristalliser par refroidissement.

Hall, enfin, posa les premiers jalons de la synthèse minéralogique et, depuis lors, par des recherches successives, les chimistes ont pu reproduire par fusion un grand nombre de minéraux, en combinant la silice avec différentes bases; ils sont arrivés au même résultat par voie humide.

On le verra au cours de ce Livre, dans la partie traitant du dosage et du choix des matières qui conviennent à chaque variété de verre.

Il ne sera peut-être pas sans intérêt pour quelques-uns de donner quelques détails sur la manipulation du verre et sur sa fabrication.

Fabrication du verre.

La fabrication du verre comprend trois opérations qui sont : la *fritte*, la *fusion* et le *recuit*.

Fritte. — La fritte s'opère dans des arches dépendant du fourneau de fusion.

Les matières lavées et finement triturées, puis passées au tamis, perdent toute trace d'humidité dans ce premier passage au feu. Les corps organiques introduits accidentellement dans le mélange sont transformés en charbon.

Cette opération précédant la fusion a pour premier résultat d'opérer le dégagement du gaz acide carbonique, de l'oxygène et de l'azote qui s'élèveraient en trop grande abondance dans les creusets et qui produiraient des quantités de bulles dans le verre.

Dans la fritte, le mélange de potasse ou de soude, selon la composition du verre, commence à s'effectuer et les deux corps, adhérents l'un à l'autre et également répartis dans les creusets, rendent le brassage du verre plus facile.

Fusion. — La fritte portée à la chaleur rouge cerise est tassée dans les creusets qu'on ne remplit qu'au tiers. Le reste est ajouté à mesure que la fusion s'opère et que la matière diminue par la fusion.

La dimension et le nombre des pots à fusion varie suivant l'importance de l'atelier et le stock de matières qu'on veut transformer en verre.

Le four est alors vigoureusement chauffé et l'on affine le verre en le brassant avec une tige en fer, pour faciliter le dégagement des bulles qui ne manquent pas de se former dans la masse incandescente, malgré la fritte.

Les pots à fusion supportent la même température jusqu'au moment où la fonte devient transparente et que les bulles cessent de se former et de pétiller à la surface. On arrête alors le coup de feu et l'on abaisse la température du four plus ou moins, suivant que la fonte est destinée au soufflage ou au coulage.

Recuit. — Les pièces coulées ou soufflées sont portées dans le four de *recuisson*, dès que, par déperdition de chaleur, elles deviennent assez résistantes pour garder, sans s'affaisser, les formes données par l'ouvrier.

La chaleur de ce four est plus modérée que celle du four à fusion, mais assez élevée cependant pour éviter un changement trop brusque de température.

Si le verre venait à être soumis sans transition à une température trop basse, la matière vitrifiée serait très fragile quand elle aurait repris la température ordinaire. Les pièces moulées qui résisteraient éclateraient infailliblement au premier choc de la meule du graveur.

Le verre, comme les métaux, se dilate par la chaleur et prend du retrait en refroidissant. Trop promptement refroidies, les molécules juxtaposées ne prendraient pas la position qui leur est propre et qui les maintient en équilibre. Le verre est très lent à se refroidir et, comme il est réfractaire à la chaleur et que le refroidissement commence sur les deux faces, les parties intérieures n'arrivent pas sans un espace de temps plus ou moins long à prendre la température ambiante.

Le refroidissement doit se faire graduellement et sans secousse. Aussi n'ouvre-t-on les fours que lorsqu'ils sont complètement refroidis, pour en retirer les pièces terminées.

C'est ce qui explique la rupture subite des larmes bataviques. Si l'on fait tomber des gouttes de verre en fusion dans l'eau froide, il se forme de petites masses piriformes terminées en pointe.

La masse vitreuse se trouve alors dans un équilibre qui est maintenu par l'ensemble de l'enveloppe. Mais la larme batavique se réduit en poussière en détonant, si l'on brise la pointe. Les molécules intérieures trop brusquement refroidies sont ébranlées par le choc et n'y résistent pas.

Elles restent intactes, au contraire, quand la partie supérieure est détruite dans l'acide fluorhydrique.

La fiole philosophique reproduit le même phénomène.

On nomme ainsi un tube de verre épais et court, fermé par un bout. L'ouvrier obtient ce tube en refroidissant subitement la masse de verre qu'il tient au bout de sa canne.

Les couches intérieures sont encore chaudes, tandis que la surface du tube est entièrement refroidie. Un choc léger produit dans l'intérieur entraîne aussitôt la rupture de la pièce en mille éclats.

Le verre qui passe de l'état liquide à l'état solide reste longtemps pâteux. On en profite pour lui donner toutes les formes. On peut, en cet état, l'étirer en fil assez fin pour l'employer au tissage.

Le verre perd sa transparence s'il reste très longtemps, après fusion, à se refroidir et surtout une température assez douce pour garder longtemps l'état pâteux. Il devient opaque. Cette anomalie est connue sous le nom de *dévitrification.*

Un morceau de verre à glace soumis à un ramollissement prolongé de trois ou quatre jours offre l'aspect d'un fragment de porcelaine blanc et opaque.

Le verre dévitrifié est plus solide que le verre ordinaire.

Verre trempé. — On a trouvé depuis quelques années un moyen de rendre le verre incassable par la trempe.

Le verre trempé par le procédé Bostic est cinquante fois plus solide, dit-on, que le verre ordinaire, et nous le croyons sans peine après l'expérience que nous en avons faite au palais des Champs-Élysées. Ce verre, qui peut supporter des chocs violents, ne se casse pas quand on le jette à terre sur le pavé. S'il se brise, ce n'est pas en éclats comme le verre ordinaire, mais à la manière de la larme batavique. Il se fractionne en une foule de petits cristaux.

On exécute la trempe en détachant la pièce de la canne d'un coup sec et en la laissant tomber dans un bain de graisse à 60°. L'objet s'y enfonce en sifflant comme un fer rouge plongé dans l'eau. On porte ensuite le verre à l'étuve où la chaleur fond le corps gras; on termine le nettoyage dans un bain de potasse et l'on rince à l'eau fraîche.

Il est difficile de graver ce verre. Une entame trop profonde le fait tomber en poussière.

Un autre procédé de trempe consiste à couler le verre dans des moules en platine. On refroidit après et le moule et son contenu dans un mélange réfrigérant. L'inventeur prétend que le verre, après ce traitement, devient aussi dur que le diamant et que sa poussière peut remplacer l'émeri. Nous ne nous refusons pas à y croire après expérience.

Si les soins les plus minutieux ne président pas à la préparation de la fonte, des défauts sans nombre déprécient les ouvrages fabriqués.

Le verre laisse voir dans la pâte des stries, des bulles, des fils, des taches en forme de larmes, et des imperfections qui nuisent à sa transparence.

Les trois opérations énoncées sont toujours exécutées de la même manière pour toutes les variétés de verre.

Soufflage. — Le verrier souffle le verre pour confectionner les bouteilles. Il le moule dans des moules en fonte pour obtenir les flacons de forme déterminée et portant légende; les glaces sont coulées comme le métal fondu.

Rien n'est aussi simple, quand on est verrier, que la confection d'une bouteille ordinaire, qui est en général coloriée en vert par l'oxyde de battitures, c'est-à-dire avec l'oxyde de fer qui se détache en étincelles brillantes sous le marteau du forgeron.

Le maître ouvrier a trois aides pour former une

bouteille. L'apprenti cueille avec la canne, qui est un tube en fer creux (nommé *felle* dans l'atelier), un peu de verre dans le creuset, et passe l'outil au second ouvrier, qui replonge le bout de la canne dans le pot à fusion, s'il juge que la quantité de verre n'est pas suffisante. Il imprime après un mouvement de bas en haut à l'appareil pour allonger le verre en forme de poire.

Le souffleur intervient alors et souffle dans la *felle* pour former la panse de la bouteille qui se développe comme une bulle de savon. Sous le mouvement giratoire qui lui est imprimé, le verre s'allonge et le souffleur l'introduit dans un moule en fer ou en bois dont le verre prend la forme. Le fond de la bouteille en voie de formation reste convexe.

Le souffleur retourne alors la felle et pose à terre le côté par lequel il soufflait et, déprimant le fond, à l'aide d'un instrument appelé *molette*, le fait rentrer à l'intérieur.

Il renverse ensuite la canne et coupe avec une lame tranchante le col de la bouteille. Il chauffe après le bout de la felle et y fixe la bouteille par le bas.

Le verre n'étant plus assez chaud, l'ouvrier présente le goulot à la porte du four pour le ramollir, et prenant des mains d'un aide une tige de fer nommée *cordeline*, chargée d'un peu de verre qui coule en filet, il soude le collet sur le goulot en plaçant la bouteille horizontalement et en enroulant trois ou quatre fois le verre fondu autour du goulot. Le quatrième ouvrier prend enfin des mains du souffleur la felle à laquelle la bouteille est soudée, la porte au bout de la canne dans le four à recuire et la détache en frappant un coup sec sur la tige de fer.

Le travail pénible dans la confection de la bouteille est dévolu au souffleur. La constitution la plus vigoureuse n'y résiste pas longtemps, et cependant ce n'était pas une petite affaire que d'être souffleur de verre au XIVe siècle : la noblesse seule y avait droit, et quiconque soufflait dans la felle était ennobli et n'avait à payer ni taxe ni impôts.

Constantin et ses successeurs accordèrent des privilèges considérables aux verriers, et si ces derniers reçurent les mêmes faveurs en France, c'est que la fabrication du verre ne suffisait plus à la demande et qu'il importait à l'État de donner le plus grand développement à cette industrie.

Plus tard, au XVe siècle, les gentilshommes verriers furent soumis à l'impôt. La profession de verrier ne donnait plus droit au blason, mais il était convenu que l'homme *né*, qui aurait été déshonoré par un travail manuel, ne dérogeait pas en dirigeant un atelier de verrerie, qu'il en fût le propriétaire ou non.

Verre en feuilles. — Le verre à vitres diffère du verre à bouteilles comme composition, mais les travaux préliminaires de fusion sont toujours les mêmes.

Pour étendre une feuille de verre, le maître ouvrier plonge la canne dans le creuset et manipule le verre de la même manière que pour faire la bouteille.

Il souffle pour former la sphère et agite la felle pour allonger la masse, qui est volumineuse et qui prend la forme cylindrique, sur une plaque de fonte chauffée où l'ouvrier la roule en tous sens. Cette manipulation se nomme *paraison*.

A l'aide de la cordeline, un filet de verre est enroulé sur le cylindre près de la calotte. L'ouvrier applique alors un fer froid sur le verre, et la calotte sphérique, à ce changement brusque de température, se détache.

L'ouvrier fend le cylindre dans toute sa longueur, en passant une tige de fer brûlante dans l'intérieur du cylindre et en mouillant à l'eau froide.

Le cylindre est porté dans le four d'étendage sur une plaque réfractaire saupoudrée de plâtre pour prévenir l'adhérence. La chaleur ramollit le verre qui s'étend sous son propre poids. Il ne reste plus qu'à l'aplatir avec une règle en bois. La surface est régularisée d'abord avec le rabot, qui est un râteau sans dents, et ensuite à l'aide

2

d'un polissoir en bois qui lisse la surface du verre.

Les tubes sont soufflés. Le cylindre est étiré par deux ouvriers qui reculent en sens inverse. Le premier tient la felle où le verre est soudé, et le second soude une autre canne sur la calotte du manchon. Le vide intérieur occupé par l'air insufflé maintient la partie creuse dans toute la longueur du tube.

Les perles blanches et de couleur à facettes sont obtenues dans des moules à deux coquilles en forme de pince et semblables à l'appareil qui sert à mouler les balles de plomb pour armes à feu.

Ce travail est exécuté par des femmes. L'ouvrière cueille un peu de verre avec le bout d'une *felle* de petite dimension. En soufflant dans le tube, la perle s'arrondit. Elle est placée à l'état pâteux dans le creux de la pince où les facettes sont gravées. Par pression, le verre prend la forme de l'intérieur du moule.

Les perles unies ne passent pas par le moule. Elles sont détachées de la canne par l'application d'un fer froid, et c'est par cette ouverture qu'on introduit dans l'intérieur de la cire fondue mêlée d'écailles d'ablette.

Les *millefiori* se font en soudant ensemble par fusion, en forme de fleur, des tronçons de baguettes de verre coloré.

On chauffe cet ornement de fantaisie et on l'emprisonne en le plongeant dans une petite masse de cristal pâteux.

La pièce refroidie passe après dans les mains du tailleur de cristaux.

Glaces. — On trouvera à la fin de cet ouvrage la formule de la fonte qui sert à la fabrication des glaces.

Jusqu'à l'année 1808 les glaces étaient obtenues par la méthode des manchons, c'est-à-dire par soufflage.

Le verre fondu est maintenant coulé sur une table en fonte chauffée et à rebords. La surface du verre garde l'empreinte de la plaque en fonte qui peut être cannelée, ondulée, striée, etc.

Deux règles mobiles en métal règlent sur la table les dimensions de la glace qu'on doit couler.

A Saint-Gobain, ce travail s'exécute à l'aide de puissantes machines. Mais tout se réduit en somme à puiser une quantité de verre suffisante avec des poches en métal et à les verser sur la dalle.

Un cylindre métallique et pesant, circulant sur les deux règles, écrase le verre fondu et le force à s'étendre en le chassant devant lui.

La dalle en verre est ensuite portée dans le four à recuire.

Les glaces dont la surface est plus ou moins rugueuse sont d'abord poncées au grès, puis au sable.

On adoucit le grain avec de l'émeri fin mouillé d'eau, en posant deux glaces l'une sur l'autre et en leur imprimant un mouvement régulier de va-et-vient.

Le dernier poli est obtenu par des frictions au peroxyde de fer (rouge anglais).

Étamage. — On étend une feuille d'étain pur mirée sur une première glace et l'on couvre cette feuille de mercure qu'on étend à l'aide d'un tampon de flanelle. On verse ensuite sur l'étain amalgamé une couche de mercure de 3^{mm} à 4^{mm} d'épaisseur. Deux ouvriers saisissent alors la seconde glace, celle qui doit être étamée, et la font glisser sur la première sans toucher au mercure. Les deux glaces sont ensuite mises en contact. On les charge de planches et de masses lourdes pour forcer le mercure en excès à couler dans les rigoles de la table. Les deux glaces restent au repos pendant vingt-quatre heures, sous une légère inclinaison. On les relève de temps à autre jusqu'au moment où l'angle disparaît pour faire place à la ligne perpendiculaire. Ce traitement dure vingt jours. Après ce temps, tout le mercure en excès s'est écoulé et l'amalgame d'étain reste fixé solidement sur la glace.

L'argenture ou la couche pelliculaire d'argent qu'on substitue à l'amalgame s'obtient par la méthode que nous avons signalée dans le *Traité pratique de Céramique photographique* (1).

Percement du verre. — On sait que le verre et la glace se coupent au diamant. On fait glisser l'instrument sans appuyer sur le verre, en suivant la ligne indiquée par une règle.

On a souvent besoin de percer le verre. On y arrive sans trop de peine en plongeant d'abord un foret chauffé à blanc dans le mercure. L'acier reçoit une dureté très grande par cette trempe.

Le foret est humecté avec une dissolution de camphre dans l'essence de térébenthine.

On trouvera dans le *Traité pratique des Émaux photographiques* (2) les méthodes pour l'argenture et pour la dorure au feu.

(1) GEYMET, *Traité pratique de Céramique photographique*. Épreuves irisées or et argent (Complément du *Traité des émaux photographiques*). In-18 jésus; 1885 (Paris, Gauthier-Villars).

(2) GEYMET, *Traité pratique des Émaux photographiques. Secrets* (tours de mains, formules, palette complète, etc.) *à l'usage du photographe émailleur sur plaques et sur porcelaines.* 3e édition. In-18 jésus; 1885 (Paris, Gauthier-Villars).

PREMIÈRE PARTIE

CHAPITRE I.

Acide fluorhydrique.

L'acide fluorhydrique, qui attaque énergiquement la silice et tous les silicates, est une combinaison de fluor ou phthore avec l'hydrogène.

Le fluor est un corps simple, gazeux, qu'on sépare d'un minéral très répandu dans la nature et qu'on trouve abondamment en France dans l'Allier, au Puy-de-Dôme; en Angleterre, en Saxe, et qui est connu sous le nom de *spathfluor*. C'est un fluorure de chaux.

On peut l'obtenir artificiellement en versant un sel de chaux soluble dans une solution de fluorure de potassium.

Le fluor se combine avec tous les métaux et forme, par combinaison, des fluorures de fer, de zinc, de manganèse, etc.

Le fluor n'a pas encore été obtenu à l'état de

pureté, malgré les recherches nombreuses qui ont été faites en ce sens.

L'Électrolyse a cependant donné des résultats à peu près concluants.

Si l'on fait fondre dans un creuset de platine du fluorure de calcium et qu'on y amène les deux réophores d'un courant, on observe au pôle négatif un dépôt de calcium qui se combine à mesure avec l'oxygène pour former de la chaux. Le pôle positif, au contraire, dégage un corps qui attaque le verre. Ce gaz ne peut être évidemment que le *fluor*.

Le fluor n'existe donc pas à l'état libre dans la nature, on ne le trouve qu'à l'état de combinaison dans les fluorures.

L'acide fluorhydrique est, comme nous l'avons dit, la combinaison du fluor avec l'hydrogène.

Ce gaz, très avide d'eau, produit un sifflement pareil à celui d'un fer rouge plongé dans le même liquide, quand on le verse à son maximum de densité 1,06 dans une cuvette en mélange avec l'eau. Il s'y combine en toutes proportions.

L'acide fluorhydrique est d'un maniement très dangereux.

Il répand des vapeurs blanches délétères. La morsure du verre doit se faire sous la hotte d'une cheminée ou en plein air. Il corrode la peau et produit des brûlures très douloureuses, qui doivent être couvertes immédiatement avec de l'ammoniaque liquide et mieux avec de l'acétate d'ammoniaque. L'alcali sature l'acide et la douleur se calme peu à peu. On ne négligera pas de respirer de l'ammoniaque, si l'on a absorbé, pendant la morsure du verre, les vapeurs dégagées par cet acide.

L'industrie fournit l'acide fluorhydrique hydraté, qui est communément employé pour la gravure du verre.

Il serait donc inutile d'indiquer la préparation de l'acide fluorhydrique, si l'acide à l'état liquide pouvait répondre à tous les besoins du graveur sur verre; mais les méthodes que nous étudions exigent le plus souvent l'emploi de l'acide gazeux, et les vapeurs mêmes dégagées par le produit liquide ne seraient pas suffisantes pour amener les résultats que nous cherchons.

On sait que l'acide liquide ronge le verre en laissant des tailles brillantes, et que l'acide à l'état de vapeur le dépolit en le décomposant.

On peut déjà obtenir des effets variés et artistiques en combinant ces deux résultats dans une composition.

Mais en dehors de cet avantage, il se présente une foule de cas où l'acide liquide devient non seulement insuffisant, mais même nuisible aux opérations de morsure, surtout avec l'emploi des procédés héliographiques.

Jusqu'à présent, la Gravure sur verre n'a été

qu'un procédé plus industriel qu'artistique. Les gravures sont lourdes. Elles ne sont pas cependant sans harmonie quand elles portent sur de grandes surfaces avec opposition du poli et du dépoli.

Mais le graveur sur verre n'ose pas attaquer les traits fins et les sujets limités à quelques décimètres carrés, qui peuvent pourtant être traités par les procédés avec autant de délicatesse que la gravure sur métal.

Il ne l'a pas fait, faute d'une méthode rapide et facile à exécuter, permettant d'obtenir presque instantanément (en quelques minutes) des dessins au bitume d'une délicatesse extrême, capables de résister à l'attaque de l'acide fluorhydrique liquide et gazeux.

Le graveur sur verre ne peut plus, dès à présent, se dispenser de connaître la préparation de l'acide gazeux et, par suite, de l'acide liquide qui est une seule et même préparation et qui n'exige aucunes connaissances spéciales.

Préparation de l'acide fluorhydrique. — On obtient l'acide fluorhydrique gazeux et liquide en traitant le fluorure de calcium, qu'on trouve à l'état de pureté chez les marchands de produits chimiques, par l'acide sulfurique concentré.

Nous n'entrerons que dans les détails utiles et absolument indispensables à nos travaux.

1° Un bain de sable légèrement chauffé reçoit

une cornue en plomb en forme de ballon, séparée en deux parties.

La partie inférieure qui porte sur le bain de sable reçoit, quand les produits ont été mélangés, le couvercle qui représente une demi-sphère avec un prolongement en forme de cornue.

On broie finement le fluorure de chaux et on le mélange, après l'avoir fait dessécher, avec l'acide sulfurique concentré dans les proportions en poids de :

Acide sulfurique concentré à 66°.	3
Fluorure de chaux.	1

On recouvre ensuite la cornue de son chapeau en la lutant avec un mélange de kaolin et de farine de graine de lin. On adapte ensuite à la cornue un récipient en plomb, qui est un tube en forme d'U, dont le bas plonge dans la glace ou dans l'eau fraîche.

Il ne faut pas dépasser la température de 135°, qui est suffisante pour déterminer la décomposition du spathfluor par l'acide sulfurique. La chaleur volatilise l'acide fluorhydrique à mesure qu'il se forme, et le produit se condense dans le récipient où l'on peut introduire quelques gouttes d'eau, puisque nous ne voulons pas obtenir un produit très concentré, mais suffisant pour nos travaux.

Voici ce qui se passe quand le fluorure de calcium et l'acide sulfurique sont mis en présence et excités par la chaleur.

L'eau se combine avec l'acide sulfurique et se décompose.

L'oxygène de l'eau se combine avec le calcium pour former un oxyde de calcium qui s'unit à l'acide sulfurique pour donner du sulfate de chaux.

L'hydrogène libre s'unit au fluor pour former l'acide fluorhydrique.

Cet acide violent attaque et corrode tous les corps, à l'exception du plomb, de l'or et du platine. On le conservait dans des flacons en plomb qu'il rongeait tôt ou tard, ou dans des flacons de verre revêtus à l'intérieur d'une couche épaisse de vernis au bitume. On le tient en réserve aujourd'hui dans des flacons en gutta-percha. L'acide est sans action sur ce produit.

Il n'y a pas trop à se préoccuper de la pureté des produits employés pour obtenir l'acide fluorhydrique, quand on ne vise que la Gravure du verre. On obtient l'acide en vapeurs dans un appareil fort simple qui sert en même temps à produire le gaz et à graver le dessin sur verre.

Cet appareil se résume en une boîte en plomb sans couvercle, ayant des proportions plus grandes que celles des verres qu'on veut graver.

Le verre lui-même sert de couvercle. Nous indiquerons plus tard la méthode opératoire.

Nous verrons alors que certains dessins peuvent

être commencés avec l'acide liquide et continués aux vapeurs, en vue de ménager la couche protectrice de bitume, qui est la partie négative du dessin héliographique, et que nous obtiendrons par des procédés presque instantanés, tout en opérant avec une couche de vernis très épaisse qui ne saurait être insolubilisée par la méthode connue, quel que fût le temps d'exposition aux rayons directs du soleil.

Le produit résultant de la combinaison du fluor et de l'hydrogène n'est pas le seul capable d'attaquer le verre et les silicates. On atteint le même résultat en combinant le fluor et l'ammonium.

On obtient le fluorure d'ammonium en mélangeant 1 partie de sel ammoniaque en poudre avec 2 parties de fluorure de sodium dans un creuset en platine, coiffé d'un couvercle concave qu'on remplit d'eau pour condenser le produit qui se forme. On chauffe lentement.

Les deux sels se décomposent l'un par l'autre.

Il en résulte un fluorure d'ammoniaque qui se condense sur le couvercle et du chlorure de soude qui reste dans le creuset.

L'acide fluorhydrique est le seul produit employé dans les ateliers hyalographiques.

CHAPITRE II.

Préparation du vernis au bitume.

L'acide fluorhydrique attaque le verre, avons-nous dit, avec une grande énergie. Ce n'est qu'un vernis solide qui peut résister à ce mordant, et ce vernis doit être assez épais pour ne pas être entamé par l'acide qui tend à le décomposer et à le soulever par écailles.

On peut, il est vrai, protéger le dessin par une application au rouleau d'une couche d'encre spéciale dont la composition sera indiquée et qu'on saupoudre de résine finement pulvérisée, mais il importe cependant d'obtenir en principe une couche solide et d'une épaisseur suffisante.

Les vernis au bitume préparés à froid, tels qu'on les emploie dans la Gravure chimique, seraient insuffisants et ne résisteraient pas à l'acide fluorhydrique. On n'atteindrait pas sans chaleur une densité convenable, et si l'on exagérait la dose de bitume, la dissolution resterait incomplète. Le vernis, du reste, manquerait de liant. Il ne s'étalerait pas régulièrement sur le verre.

Un vernis approprié à la Gravure sur verre sera donc préparé à chaud et d'après la formule qui suit :

Formule.

Bitume de Judée vrai	20gr
Essence de térébenthine	60cc
Benzine lourde.	40

Le bitume de Judée réduit en poudre est mis dans un bain-marie. Il faut choisir le bitume vrai, qui présente une cassure brillante et nette et une surface homogène.

On ajoute ensuite la térébenthine et l'on chauffe le bain-marie jusqu'à ébullition. Après un quart d'heure, le bain-marie est retiré du feu et l'on mêle au contenu la benzine lourde.

On replace l'appareil sur le feu et l'on attend environ un quart d'heure, en ayant soin d'agiter l'intérieur du bain avec un crochet en fer pour activer la dissolution du bitume.

Le bitume, la térébenthine et la benzine sont des produits dangereux.

Ce mélange en ébullition peut s'enflammer ; mais l'opérateur averti ne court aucun danger et n'a pas d'accidents à craindre.

Il suffit, si le produit prend feu, sans déplacer l'appareil, de fermer le bain-marie avec le couvercle. La flamme, étouffée, s'éteint instantanément et l'opération est continuée jusqu'à la dissolution entière du bitume.

Nous préparons ce vernis sur un fourneau à gaz ou à pétrole.Le bain-marie est placé dans un bain de sable, et il ne s'est jamais présenté un cas d'inflammation. Le bain de sable, qui est formé par une capsule profonde en tôle émaillée, arrête le descensum des vapeurs lourdes, qui n'arrivent pas jusqu'au foyer.

Ce vernis est filtré aussitôt qu'il est retiré du feu. On superpose trois entonnoirs garnis de filtres en papier. Le dernier donne un produit exempt de toute impureté, qu'on met en réserve dans un flacon fermé avec un bouchon en liège.

Ce vernis, qui n'a qu'un rôle passif et est en dehors de toute réaction lumineuse, se conserve indéfiniment. Il est bon cependant de le filtrer tous les huit jours.

On prépare un vernis plus résistant, mais beaucoup plus long à sécher, en substituant à la moitié du bitume indiqué dans la formule un mélange de cire jaune, de résine, de poix de Bourgogne, de spermaceti, de caoutchouc dissous dans la benzine, avec addition de quelques grammes de gutta-percha en feuilles.

Ce vernis, après avoir séché sur le verre, est redissous à froid par la térébenthine. Les produits indiqués, autres que le bitume, ne nuisent pas au développement et laissent une héliographie d'un haut relief, très résistante, que l'acide fluorhydrique est impuissant à attaquer.

Les proportions suivantes donnent de bons résultats :

Formule N° 1.

Bitume	10gr
Cire jaune	2
Poix de Bourgogne.	2
Spermaceti (blanc de baleine). . . .	2
Caoutchouc dissous.	5cc
Gutta-percha en feuille.	2gr

Les proportions de benzine et de térébenthine ne changent pas.

Pour graver sur verre blanc aux vapeurs d'acide les dessins délicats et serrés de traits qui n'exigent que le simple dépoli du verre, il n'est pas nécessaire d'employer le vernis épais dont les formules précèdent. On peut se borner à préparer un bitume à 5 pour 100, qui sera rendu plus sensible par l'addition de quelques gouttes d'essence de citron pure.

Ce vernis peut être préparé à froid. Dans ce cas, la benzine seule intervient comme dissolvant du bitume, et l'on ajoute l'essence de zeste de citron quand la dissolution est terminée.

Ce même vernis, chauffé au bain-marie avec les mêmes proportions de bitume, est plus sensible et s'étale en couches beaucoup plus régulières. Mais il faut alors employer moitié benzine et moitié térébenthine.

La couche de vernis, préparée à chaud, est plus serrée et résiste mieux à l'attaque de l'acide fluorhydrique.

Formule N° 2.

Benzine légère rectifiée	100^{cc}
Bitume de Judée.	6^{gr}
Essence de zeste de citron.	10^{cc}

Formule N° 3.

Benzine légère rectifiée	100^{cc}
Bitume de Judée	6^{gr}
Essence de citron.	10^{cc}
Essence de térébenthine rectifiée. .	40

Ces deux vernis sont sensibles par eux-mêmes. On les expose directement à la lumière sans couche sensible supplémentaire. Les parties à jour, dans le cliché positif ou négatif, après une exposition d'une demi-heure en plein soleil, deviennent insolubles. Le reste de la couche se dissout dans l'essence de térébenthine. On consultera notre *Traité de Gravure* (1), où cette méthode a été développée dans son application à la Gravure sur métal.

La couche insolubilisée qui reste sur le subjectile n'a qu'un relief peu accusé. Elle est capable cependant de résister à l'acide fluorhydrique et surtout aux vapeurs de ce mordant.

(1) GEYMET, *Traité pratique de Gravure héliographique et de Galvanoplastie*. 3e édition. In-18 jésus; 1885 (Paris, Gauthier-Villars).

Il n'en est pas de même de la couche inerte qui reste après le dépouillement de l'héliographie, quand on se sert du bitume épais à 15 et à 20 pour 100. Le relief laissé sur la feuille de verre est très prononcé. Il résiste mieux au mordant et, si cette couche est versée sur une planche de cuivre, on peut, par l'intervention de la pile, obtenir une planche en taille-douce.

Nous n'avons pas parlé de cette application dans les Traités de Gravure et nous croyons utile d'en dire quelques mots en passant.

Nous verrons, en exposant le procédé de Gravure sur verre, comment ce relief s'obtient. Supposons pour le moment que la couche épaisse de bitume ait été développée sur une planche de cuivre, ce qui ne change rien aux opérations qui suivront.

Ce relief est assez accusé, après le développement de la couche, pour donner une planche en creux, bonne pour le tirage en taille-douce ; mais on peut, en outre, doubler la hauteur du trait par une seule morsure au perchlorure de fer sans recourir au gillotage.

Cette planche, mordue au perchlorure à saturation ou à l'acide azotique à 10 pour 100, donnera par reproduction galvanique une taille en creux très profonde, et ces planches, se chargeant au tampon d'une couche d'encre très épaisse, serviront à l'impression des dessins qui seront reportés sur la porcelaine et sur le verre. C'est par ce côté que le procédé touche à notre sujet et que ces quelques lignes ne sont pas hors de propos dans ce Livre.

Après la morsure, le relief sera frictionné avec une brosse douce qui enlèvera toute trace d'oxyde. On le soumettra au bain galvanique, comme il a été dit dans notre *Traité pratique de Gravure héliographique et de Galvanoplastie* [1].

On se souviendra que la cire jaune dissoute dans la benzine n'est pas un moyen suffisant pour faciliter la séparation des surfaces après galvanoplastie.

Nous avons dit que tout relief à reproduire par le courant électrique devait passer dans un bain d'argent galvanique. Un léger dépôt suffit.

On se gardera bien, dans le cas présent, d'enlever la couche de bitume qui contribue pour moitié à la hauteur du relief.

Le relief sera frictionné à la plombagine, qui rendra le bitume conducteur. Quelques coups de blaireau seront utiles pour dégager les tailles de toute trace de plombagine libre. Le verso de la planche sera isolé par une couche de vernis au bitume ou de gomme laque à l'alcool appliquée au pinceau.

Ces planches et celles qu'on obtient en se servant d'une épreuve positive avec la couche épaisse de bitume inerte, doublée d'une seconde couche sen-

[1] Paris, Gauthier-Villars.

sible, et qu'on mord en creux directement à l'acide sans reproduction galvanoplastique, sont imprimées en taille-douce par la méthode ordinaire. On remplace le noir d'impression par le noir d'émail, qu'on fixe au feu de moufle sur le verre porté au rouge sombre tirant sur la couleur cerise.

Toutes les couleurs vitrifiables peuvent entrer dans la composition de l'encre.

On mêle au vernis les couleurs qui correspondent à celles qu'on veut fixer sur le verre.

Mais il faut tenir compte du peu de résistance du verre dans la moufle, qui se déforme à une température dépassant le rouge cerise naissant.

Il est donc important de n'employer dans la préparation de l'encre vitrifiable que des fondants très fusibles.

Voici deux formules qui conviennent à l'emploi :

Formule N° 1.

Oxyde de plomb	4gr
Silice	1

Ce mélange est fondu au creuset. On le réduit ensuite en poudre impalpable avant d'y incorporer les oxydes colorants. Sans fusion, les épreuves sur verre s'altéreraient avec le temps.

Formule N° 2.

Silice	4gr
Oxyde de plomb	12
Borax calciné	1

Préparation de l'encre vitrifiable pour report sur verre.

L'huile de noix est supérieure à l'huile de lin cuite dans la préparation des encres d'imprimerie. Elle porte les noms de *vernis fort*, *vernis faible*. Ces vernis peuvent cependant servir, si les épreuves à reporter sur verre ne sont pas tirées en taille-douce (telles sont les épreuves de teinte) ; mais sur pierre ou sur gélatine, pour imprimer des feuilles chromolithographiques de report, le vernis, à l'huile de noix ou à l'huile de lin, est additionné de $\frac{2}{10}$ environ de vernis copal qui happe mieux les matières vitrifiables et qui les fixe plus solidement sur le verre avant la fusion, tout en facilitant le décalque.

L'huile de noix subit un traitement préalable avant de servir de véhicule aux oxydes et aux fondants.

On soumet le produit à une ébullition prolongée dans un pot en fer, placé au-dessus d'un feu clair, sans fumée. Après un court bouillon, on jette dans le poêlon quelques tranches de pain qui absorbent les corps étrangers. Le pain est enlevé après un quart d'heure, et le produit est porté au point d'inflammation.

On retire alors l'huile du feu et, quand les

flammes s'arrêtent, le récipient est replacé sur le fourneau. L'huile de noix doit être enflammée cinq ou six fois pour acquérir une densité convenable. La préparation est à point quand le liquide visqueux a pris une teinte marron clair.

L'encre vitrifiable est préparée comme le noir ordinaire d'impression.

Les couleurs vitrifiables, déjà broyées en poudres impalpables, sont reprises à la molette et au couteau pour les rendre homogènes.

Il est utile d'ajouter un tiers de noir de fumée aux oxydes colorants au moment de la préparation de l'encre. C'est un liant nécessaire qui disparaît à la fusion et qui sert de guide pendant l'impression pour juger de la valeur de l'encrage, surtout dans le tirage sur pierre et sur gélatine.

L'encre de taille-douce doit être très épaisse et se rapprocher comme densité de l'encre ordinaire pour impression en creux. Le noir vitrifiable lithographique et les autres couleurs préparées pour le même emploi seront tenus plus légers et plus fluides.

Dans l'impression en taille-douce, les tailles sont remplies au doigt ou au tampon, si les planches ont quelque étendue. On enlève d'un seul coup, avec une lame d'acier flexible, la couleur en excès et l'on essuie la planche avec un chiffon de mousseline légèrement empesée qui glisse sur la surface du cuivre sans vider les tailles. On enlève enfin les dernières traces de noir qui restent à la surface avec la main blanchie à la craie.

L'impression au rouleau ne diffère en rien de l'impression ordinaire. La qualité de l'encre seule diffère.

Du papier de report pour l'impression sur verre.

Le tirage de l'épreuve à reporter sur verre ou sur porcelaine se fait avec du papier de soie mince et sans colle, qu'on intercale pour lui communiquer un peu d'humidité.

L'épreuve tirée est aussitôt placée dans une cuvette pleine d'eau, le dessin en dessus.

On prépare ensuite les feuilles de verre qui reçoivent définitivement le dessin, en les frictionnant au tampon avec le mélange suivant :

Formule.

Essence de térébenthine.	100^{cc}
Vernis copal.	12

Cette opération se fait mieux avec un rouleau en gélatine très peu chargé. La première feuille de verre mixtionnée sert d'encrier pour préparer les feuilles suivantes. La couche de vernis copal dilué doit être régulière, mais à peine sensible au contact du doigt.

Les verres préparés sont séchés à l'étuve, et le report ne doit se faire qu'après refroidissement.

Sans cette couche intermédiaire, le décalque se ferait mal et le dessin s'écaillerait dans la moufle.

Le report se fait en appliquant la feuille imprimée sur le verre posé sur une surface plane, mise d'aplomb. Le papier est recouvert d'une seconde feuille plus épaisse, lisse et humide, et la pression est exercée avec un rouleau lithographique, qui doit glisser sur le verre, toujours dans le même sens, en long et en travers.

On humecte enfin la feuille de report avec une éponge, et l'on retire le papier de soie qui a déposé l'encre du dessin sur la feuille de verre.

La manière de vitrifier l'épreuve est décrite dans notre *Traité pratique de Céramique photographique* (1).

Cette méthode, adaptée aux épreuves tirées en taille-douce, ne conviendrait pas aux épreuves de reports prises au rouleau, sur pierre et sur gélatine.

On choisit un papier mince, mais les feuilles reçoivent préalablement un encolage. Du reste, il ne serait pas possible de tirer sur gélatine avec du papier de soie mouillé, qui s'attacherait sur la couche humide et toujours happante.

(1) GEYMET, *Traité pratique de Céramique photographique. Épreuves irisées or et argent* (Complément du *Traité des Émaux photographiques*). In-18 jésus; 1885 (Paris, Gauthier-Villars).

Cet encollage, qui rend le papier plus ferme et plus résistant, cède facilement à l'éponge imbibée d'eau qui est passée sur l'épreuve après le transport.

En voici la formule et le mode d'application :

Encollage.

Amidon..	500gr
Eau froide	500cc
Eau chaude	500
Solution de gomme à.. . . .	15 pour 100

Il ne faut pas employer d'autre gomme que l'arabine, c'est-à-dire la gomme arabique vraie, plus soluble que les produits indigènes de même nature qui résistent à l'eau froide.

L'amidon, d'abord dissous dans l'eau froide, est passé par pression à travers les mailles d'un tissu serré. On le verse ensuite par portions dans l'eau chaude, en agitant avec une spatule. On ajoute ensuite 5cc de gomme par litre de colle d'amidon.

L'impression sur pierre et sur gélatine se fait à sec. Les feuilles sont placées immédiatement après le tirage, par le verso, sur une nappe d'eau. On fait le report aussitôt que l'humidité a pénétré dans la pâte, en opérant comme précédemment.

On reporte ainsi des teintes plates monochromes. Les couches de couleurs différentes peuvent être superposées. On les attaque ensuite aux vapeurs d'acide fluorhydrique, après héliographie.

Cette combinaison est la base d'une série de travaux sans précédents et qui donnent des résultats inattendus.

Les dessins de traits extrêmement fins sont rendus très difficilement sur les verres doublés. Nous verrons plus loin quelles sont les causes de l'irrégularité de la morsure. Mais, avec ces couches minces, la mise à jour du dessin suit une marche régulière.

Le même résultat peut être obtenu avec le procédé aux poudres et par le report d'un dessin encré lithographiquement avec l'encre vitrifiable ; mais les effets de couleurs ne sont plus les mêmes, et l'on obtient des contrastes très heureux et tout à fait artistiques en combinant les procédés. Il en sort des productions d'un nouveau genre qui tentent l'acheteur.

On peut réduire ou agrandir les sujets, sans être obligé d'agrandir ou de réduire le cliché, en opérant avec les glaces au gélatinobromure. On consultera notre Traité sur le rôle du zinc dans l'impression, où nous expliquons comment la pellicule de gélatinobromure augmente d'un tiers après son immersion dans l'acide fluorhydrique dilué. Elle se rétrécit d'un quart quand elle est immergée dans l'alcool, et de moitié, si l'on fait dissoudre dans 250^{gr} d'alcool à 40° un gramme de tanin.

CHAPITRE III.

Procédé instantané de Gravure sur verre.

Partie héliographique. — Nous versons en nappe régulière le vernis épais au bitume à 25° pour 100 sur une feuille de verre parfaitement décapée. La surface du verre ne peut recevoir le vernis qu'autant qu'elle a passé quelques heures dans un mélange de :

Eau ordinaire	500cc
Acide azotique.	500

Le verre est ensuite rincé à l'eau fraîche et poncé avec le mélange qui suit :

Eau	250gr
Alcool	100
Ammoniaque liquide.	25cc
Ponce en poudre.	50gr

On se sert d'une brosse en peau de chamois, ou d'un tampon quelconque pour polir les surfaces. On enlève la ponce au chiffon quand les verres sont secs.

Il est bon de les chauffer très légèrement avant de les couvrir de bitume.

Si les surfaces à mixtionner dépassent $0^{m},40$, on a recours à la tournette. Les verres de petite dimension sont préparés à la main.

Le vernis est versé sur le haut. Il descend vers la partie inférieure. On a soin, après avoir repris l'excès de bitume, d'enlever le vernis en excès sur l'arête inférieure où il forme épaisseur. On l'éponge en passant un chiffon souple. La partie dénudée est bientôt recouverte par la couche descendante. Les verres sont posés par un des angles du bas sur une feuille de papier buvard, et l'on attend que la couche soit sèche.

Les verres ne peuvent pas être mixtionnés longtemps à l'avance. On les couvre la veille, pour les employer le lendemain.

Nous avons dit qu'avec la surcouche nous n'avions rien à demander au bitume comme sensibilité. Mais le bitume, cependant, quelle que soit la couche, épaisse ou mince, n'en est pas moins sensible et altérable par la lumière. On laissera donc les verres dans une demi-obscurité en attendant le moment de l'insolation, qui ne peut se faire qu'après qu'ils ont été recouverts d'une couche plus sensible superposée.

Si, comme on l'a vu, nous voulions profiter de la sensibilité inhérente au bitume, le verre serait insolé directement sur le négatif ou sur le positif aussitôt que le vernis au bitume serait sec; mais alors le temps d'exposition au jour serait très long, et même démesurément long, à cause de l'épaisseur de la couche. Deux heures de soleil n'y suffiraient pas, et, l'hiver, le travail n'aboutirait pas, faute de lumière.

Une couche plus mince, du reste, ne supporterait pas l'attaque du mordant.

Le temps d'insolation est, au contraire, très court par l'emploi de la double couche; et, quelle que soit la lumière, vive ou voilée, l'exposition à l'ombre, toujours à l'ombre, ne peut pas excéder dix minutes. Deux ou trois minutes suffisent à la lumière diffuse, si le soleil a quelque éclat. La lumière électrique exige cinq fois ce temps.

Couche sensible à la gélatine. — Les verres bitumés sont repris un à un et recouverts, sur la face déjà préparée, d'une couche de gélatine légère.

Formule.

Eau	250cc
Gélatine grenétine	10gr
Bichromate d'ammoniaque	5

Il est très important de ne pas s'écarter du dosage que nous indiquons dans la formule, et de n'employer qu'une gélatine très molle et parfaitement soluble. Les gélatines allemandes ou anglaises employées en Phototypie, qui sont vendues à un prix comparativement élevé, sont inférieures à nos produits, surtout dans cette application.

Nous conseillons même, en Phototypie, d'adopter la gélatine Grenet, et d'en accroître la résistance, qui est insuffisante, par une légère addition de borax dissous dans l'alcool, ou de quelques gouttes d'une solution diluée d'acide phénique ou de sulfate de zinc.

La grenétine est un produit très pur, mais trop mou. Il n'y en a pas de supérieur. Il s'agit, en cas de Phototypie, d'incorporer à la dissolution une matière antiseptique pour lui donner du corps. L'alun seul ne peut pas être incorporé à la gélatine. On peut l'employer comme bain après les opérations héliographiques.

La couche supplémentaire de gélatine, traitée comme il vient d'être dit, est versée sur le bitume, mais elle doit sécher dans l'obscurité ou à la lumière jaune. La lumière rouge serait un excès de précaution.

La dessiccation doit être rapide. Ce résultat est atteint en quelques minutes en employant la tournette. On peut placer les verres gélatinés dans une étuve à peine chauffée. La température ne doit jamais dépasser 20°. Une chaleur plus forte fait fendiller la couche de bitume.

La gravure sur verre peut être faite en creux ou en relief; mais, dans l'application principale que nous voulons en faire, nous ne visons que la morsure en creux, qui s'exécute plus facilement et qui remplit le but.

Nous ne parlons pour le moment que de la Gravure sur verre blanc, dont le creux reste dépoli en employant comme mordant les vapeurs d'acide fluorhydrique. Nous nous occuperons ensuite des verres doublés.

On se sert d'un cliché positif. Toutes les méthodes connues sont bonnes pour le produire. Il faut, autant que possible, des oppositions absolues du blanc au noir.

Un dessin à l'encre de Chine, sur papier dioptrique ou sur papier transparent, remplace, à mérite égal, le positif obtenu photographiquement. Tout dessin au trait imprimé peut servir de cliché, même le dessin qui porte au revers de la feuille une autre impression.

Il faut absolument, dans ce cas, faire disparaître l'épreuve ou l'écriture du verso de la feuille portant le dessin qui doit servir de cliché positif.

Cette opération, qui paraît difficile, s'exécute avec la plus grande facilité.

Deux méthodes se présentent :

Une, connue depuis longtemps, et qui consiste à fixer le papier sur une glace enduite de vernis copal. Le papier est enlevé à l'eau chaude avec une éponge. L'encre d'imprimerie reste seule fixée sur le verre.

L'autre méthode est celle que nous employons, et qui nous réussit :

Le papier est appliqué simplement sur une glace, et nous effaçons le dessin du verso avec un mélange d'eau et d'essence de térébenthine.

On peut, avec quelque attention, et par l'intervention de la térébenthine en mélange avec l'eau, non seulement enlever l'encre du verso et faire disparaître toute trace de dessin, mais dédoubler même le papier si l'on opère sous la pomme d'un arrosoir qui divise l'eau en pluie. Il est nécessaire que l'eau s'échappe avec pression. Il est, du reste, inutile de dédoubler le papier, à moins que le dessin à reproduire ne soit imprimé sur une feuille trop épaisse s'opposant complètement au passage de la lumière. Il ne faut pas négliger de poser la feuille mouillée sur une glace et de chasser par pression les bulles d'air.

On enlève le dessin en le frictionnant avec un tampon souple de mousseline, et l'on porte conti nuellement le papier posé sur la glace sous le jet divisé qui entraîne, grâce à la benzine, le noir d'impression, sans en laisser trace sur la feuille. Le dessin qui doit rester, et qui porte directement sur la glace, ne reçoit aucune atteinte. Après l'élimination du dessin, le papier reste aussi blanc qu'avant l'opération.

On a ainsi des positifs suffisants sans recourir aux procédés photographiques.

On peut encore obtenir des positifs et leur communiquer un grain tout à fait artistique (nous recommandons cette méthode aux graveurs chimistes) en versant une couche de gélatine combinée avec la colle de peau, ou suivant la formule que nous avons précédemment indiquée dans notre Traité intitulé : *Traité pratique de Photolithographie et de Phototypie* [1].

Les verres, après insolation, et sans couche intermédiaire ni insolation au verso, sont simplement encrés avec l'encre de report après quelques minutes d'immersion dans l'eau tiède.

Cette mixtion donne un grain très régulier et d'une grande finesse à l'épreuve tirée d'un négatif de demi-teintes.

Le grain est plus sensible et mieux formé sur les verres dont la préparation remonte à quelques semaines.

On choisit l'encre de report et, le lendemain, on passe un blaireau chargé de poudre de bronze sur le positif. La gélatine sèche ne retient pas la poudre qui ne se fixe que sur les corps gras, dont elle augmente l'opacité.

Un cliché quelconque de demi-teinte peut, par cette méthode, être transformé en un positif à grain pour graver en taille-douce, et ce positif donne par reproduction au chasse-presse un

(1) GEYMET, *Traité pratique de Photolithographie et de Phototypie.* 2e tirage. In-18 jésus; 1882 (Paris, Gauthier-Villars).

négatif qui permet de tirer sur pierre et sur zinc, sans qu'il soit nécessaire de grainer les surfaces. Ce moyen est infiniment supérieur au quadrillé et au pointillé factices qui détruisent l'harmonie des épreuves et qui en déprécient la valeur artistique. Ce genre de positif ne donne le grain que dans les parties ombrées où les éclaircies sont nécessaires, et ce grain se fond dans l'ensemble où il passe inaperçu. Nous revenons quelquefois sur des idées déjà émises. Nous savons par expérience qu'il faut quelquefois fatiguer le lecteur et le forcer, en quelque sorte, par des affirmations réitérées à essayer ce qui n'est pas conforme à ses idées, mais qui donne des résultats supérieurs à ceux qu'il obtient par les procédés qui ont cours.

Ce n'est pas par une seule expérience faite à la hâte qu'on a la perfection du grain. Il faut quelques efforts pour se rendre maître de la méthode. On s'aperçoit après que nous n'avions peut-être pas tort d'insister.

On ne doit pas verser la couche de gélatine avant que le bitume ne soit complètement sec. Si l'on ne dispose pas d'une tournette qui active l'évaporation et qui sèche la couche de vernis en cinq ou six minutes, le bitume doit rester une demi-heure au repos. On peut activer le séchage en ventilant la couche avec une feuille de carton, comme le font les lithographes pour leur pierre. Rien n'empêche de couvrir les verres la veille et de les garder dans l'obscurité jusqu'au lendemain.

On couvre ensuite le bitume de la couche de gélatine qui peut être séchée à l'étuve. Il faut très peu de chaleur et l'on insole à l'ombre sous un cliché positif ou négatif, suivant que la gravure doit être faite en creux ou en relief. Comme nous l'avons déjà dit, la Gravure en creux est seule usitée sur verre. C'est donc le positif qui joue le rôle principal.

L'insolation ne doit pas excéder dix minutes à l'ombre et en bonne lumière. Il faut éviter d'exposer les verres aux rayons directs du soleil. Il n'en résulte rien de bon.

On retire ensuite le verre du châssis-presse pour l'immerger dans une cuvette d'eau fraîche pendant quelques minutes et l'épreuve est développée à l'eau chaude. Il ne faut pas dépasser la température de 25° à 30°.

Après quelques minutes d'immersion, l'épreuve, invisible d'abord, se montre. On peut l'examiner sous le rayon incident qui pénètre par le verre jaune du laboratoire.

Le développement est complet après sept ou huit minutes si l'eau chaude, chargée de gélatine dissoute, est renouvelée plusieurs fois, à quelques minutes d'intervalle. On termine le développement en passant le verre dans l'eau tiède et on le porte dans un bain d'alun.

Eau 500gr
Alun. 50gr

Ce bain sert indéfiniment. On rince l'épreuve et on la laisse sécher spontanément.

Le développement se fait dans une cuvette en porcelaine où l'on a versé assez de térébenthine pour couvrir le verre.

L'essence neuve, et qui n'a pas encore été en rapport avec le bitume par des développements antérieurs, attaque trop promptement la couche. Il est préférable, en commençant, de mêler quelques centimètres cubes de vernis au bitume à l'essence.

Le bain à développer peut servir très longtemps. Il faut le filtrer après chaque opération. Il est hors de service quand l'essence, trop colorée et trop chargée de résine, se transforme en quelque sorte en vernis.

Le développement, si le temps d'insolation est convenable, se fait très régulièrement.

L'essence de térébenthine fouille l'épreuve dans les parties où la gélatine soluble a cédé à l'eau chaude.

Les parties protégées par cette seconde couche résistent au dissolvant.

Il arrive quelquefois que certaines parties de l'épreuve restent voilées. La seconde couche, dans ce cas, c'est-à-dire la gélatine, n'a pas été entière-

5

ment enlevée par l'eau chaude. On prend alors un pinceau doux et fourni, un pinceau d'aquarelle, qu'on trempe dans le mélange suivant :

Benzine.	50cc
Térébenthine	50

On passe le pinceau sur les parties voilées et sans chercher à se rendre compte de l'effet produit, on porte vivement le verre sous le jet divisé de la fontaine. L'eau chasse immédiatement la benzine libre et le bitume dissous. Il serait trop tard et le dessin serait enlevé sur la partie touchée par le dissolvant si l'on attendait un résultat visible pour dégager le bitume dissous sous le jet d'eau.

Ce développement n'est possible dans l'ensemble et dans les retouches, qu'autant que l'eau projetée en pluie a une pression suffisante.

On ne réussirait pas si l'on immergeait le verre, dès que l'épreuve commence à se montrer, dans une cuvette d'eau fraîche à nappe dormante.

On n'attend pas, en effet, que l'épreuve soit complètement dépouillée par l'essence de térébenthine pour porter le verre sous le jet d'eau. La pluie d'eau avec pression est nécessaire aussitôt que le bitume cède au dissolvant. Le bitume, en partie dissous, ne résiste pas comme il le ferait sous une nappe d'eau immobile. Le liquide divisé qui se précipite sur l'épreuve le chasse mécaniquement.

Dans la Gravure du verre, comme dans la Gravure sur métaux, la méthode héliographique est la même. Nous revenons sur ces procédés déjà décrits, persuadés que bien des lecteurs n'ayant pour objectif que la Gravure du verre, n'iront pas chercher dans un autre livre qui traite de matières sans rapport avec leur industrie, les formules et la méthode qu'ils ont droit de trouver dans ce Traité spécial.

La gomme arabique peut remplacer la gélatine. On peut encore substituer l'albumine à la gélatine et à la gomme. Ces trois produits immédiats rendus sensibles par le bichromate d'ammoniaque, qui est moins insoluble que le bichromate de potasse et qui communique en même temps plus de sensibilité aux couches, jouent à peu près le même rôle dans les applications industrielles où ils interviennent.

La gomme arabique et l'albumine même peuvent être employées comme couches directes ou comme couches reportées.

Il ne faudrait pas supposer que la gomme, que l'eau dissout avec une grande facilité, soit un corps dépourvu de résistance quand la lumière l'a oxydée en présence du bichromate d'ammoniaque ou du bichromate de potasse.

Après l'insolation, elle adhère au verre et au zinc avec une énergie telle que le verre et le zinc en sont pour ainsi dire pénétrés, et qu'il faut recourir à la ponce et à l'émeri, c'est-à-dire à l'usure du subjectile, pour extirper, c'est le mot, le dessin que ces matières ont fixé.

Il n'est pas inutile d'appeler l'attention du lecteur sur cette propriété singulière qui peut être le point de départ pour d'autres applications. La gomme, en effet, en combinaison avec le sel de chrome au repos, pendant un certain temps ou après quelques minutes d'exposition au soleil, devient une matière complètement transformée. Elle pénètre les corps métalliques et vitreux, non pas comme un acide qui ronge, mais comme un intrus qui s'insinue et qui arrive à s'identifier avec les corps hétérogènes qu'il touche.

PREMIÈRE MÉTHODE.

Par report. — On prépare quelques jours à l'avance une solution épaisse de gomme dans de l'eau ordinaire :

Gomme arabique (vraie)	250gr
Eau	250cc

La dissolution complète de la gomme ne peut aboutir qu'autant qu'on remue de temps en temps ce mélange avec un agitateur.

On prépare, d'autre part, un bain de bichromate d'ammoniaque à saturation dans l'eau.

Et l'on mélange :

Gomme liquide	100cc
Eau de bichromate.	100

Ce liquide, trop dense, ne traverserait pas les filtres en papier. On l'épure en le passant à travers un carré de flanelle, mais sans pression, pour éviter que des bulles d'air ne se produisent dans la masse.

On étend cette mixtion sur une feuille de papier dont les bords sont relevés en forme de cuvette. Le papier est supporté par une feuille de verre qu'on tient à la main et qu'on incline légèrement pour reprendre l'excédent dans un verre à part. Il se produirait infailliblement des bulles dans la mixtion, si l'excès de liquide qui quitte le papier était reversé dans le récipient qui contient la mixtion intacte.

On enlève avec soin les quelques bulles qui se forment presque toujours sur la feuille de papier, et on laisse sécher la couche dans un cabinet noir aéré autant que possible.

Ces feuilles conserveront pendant la journée une très grande sensibilité. Mais nous les considérons comme insolubles le surlendemain de leur préparation. La base du procédé est la solubilité de la gomme que la lumière n'a pas touchée. Or, si la gomme perd en partie cette propriété par toute autre cause que par l'influence lumineuse, il n'en est pas moins vrai qu'elle devient impropre pour l'usage que nous voulons en faire.

Le papier qui sert de support à la couche de gomme doit être soumis à une préparation préalable. Il est imperméabilisé par l'albumine coagulée.

On prend 5^{gr} d'albumine des œufs, sèche, qu'on réduit en poudre dans un mortier en porcelaine, et l'on y mêle, après avoir mis la poudre d'albumine dans un vase plus commode, 100^{cc} d'eau qu'on verse peu à peu en battant en neige, soit avec une fourchette en argent, soit avec l'appareil spécial qui sert pour cet usage. On porte la mousse sur un filtre en l'enlevant à mesure avec la fourchette, et l'on continue à former en mousse épaisse la partie liquide qui reste au fond du vase. On est assuré que toute la fibrine est dégagée et que l'albumine traverse le filtre à l'état pur si l'on a le soin de transporter la mousse avec la fourchette qui ne peut enlever que la partie complètement émulsionnée.

L'albumine fraîche ne donne pas les mêmes résultats, et la coagulation, qui est une opération nécessaire, est toujours incomplète avec le produit préparé avec des blancs d'œufs.

On choisit du papier lisse, bien laminé, et d'une bonne épaisseur. Tout papier convient s'il réunit ces deux conditions.

Les feuilles sont posées sur un support. L'albumine est versée comme le collodion. Le papier mixtionné est sec dans un quart d'heure. On immerge alors la couche d'albumine dans un bain d'alcool.

L'albumine est coagulée en trois minutes. La cuvette peut être remplacée par une éprouvette en verre, dont la hauteur correspond à la grandeur des feuilles. Elles sont descendues dans le bain, enroulées l'une sur l'autre. Aussitôt sec, le papier peut recevoir la couche d'albumine.

Les feuilles albuminées et recouvertes de la mixtion bichromatée sont exposées dans le châssis-presse, pendant deux ou trois minutes, à la lumière diffuse. Huit à dix secondes au soleil suffisent pour coaguler la gomme.

Par cette méthode, le trait seul peut être reporté sur le verre bitumé. On peut donc exposer la feuille sensible directement aux rayons du soleil, si le négatif est vigoureux et si le fond du cliché est assez renforcé pour ne laisser aucun accès à la lumière, qui ne doit agir que sur le trait.

Avec un négatif peu intense, un papier ne peut être exposé qu'à la lumière diffuse, et le temps d'insolation ne doit pas dépasser une ou deux minutes.

Il s'agit, en effet, d'insolubiliser la gomme dans le trait, assez pour résister à un léger mouillage, et de laisser au fond, c'est-à-dire à tout ce qui ne constitue pas le dessin, une insolubilité complète.

Or, si le négatif est transparent et s'il n'a pas assez de vigueur de fond, il est à craindre que tout le papier, fond et dessin, ne soit assez atteint par la lumière pour rendre la couche de gomme trop insoluble pour se prêter au décalque.

Dans ce cas, et l'observation s'étend à tout genre de Gravure linéaire sur métal et sur verre, il ne faut pas opérer dans le sens d'une insolubilité complète de la gomme dans l'eau froide, dans les clairs du négatif, et d'une entière solubilité dans les parties sombres du cliché. L'insolubilité ne doit être que relative, pour permettre à la couche de gomme de se dissoudre plus ou moins vite dans les parties correspondant aux ombres et aux lumières.

Le report est beaucoup plus difficile dans ce cas. L'expérience seule peut servir de guide à l'opérateur et le résultat de l'opération dépend du mouillage intelligent du papier gommé.

Il s'agit de rendre la gomme assez humide dans la partie qui représente le fond du négatif pour qu'elle puisse s'attacher sur le verre qui lui offre un support plus résistant que le papier humide.

Il faut, au contraire, que la gomme, correspondant aux traits du négatif qui a reçu plus de lumière et qui est, non pas insoluble, mais moins soluble que le fond, n'ait pas le temps de se ramollir et soit incapable de quitter le papier et de s'attacher au verre.

Il s'ensuit que l'opération du report se fait régulièrement et méthodiquement avec un excellent négatif, et qu'avec un négatif incomplet, le décalque dépend de l'habileté de l'opérateur, qui n'est jamais sûr d'atteindre le but sans essais préalables.

Report. — Ces opérations longues, minutieuses à décrire, et qui paraissent difficiles à exécuter, sont pourtant bien simples, et nous remarquons dans notre laboratoire l'étonnement du débutant, qui ne s'explique pas, après démonstration pratique, comment il n'a pas réussi, haut la main, et dès la première expérience.

Au sortir du châssis-presse, la feuille de papier insolée est placée dans un cahier humide. Ce cahier, composé de quinze à vingt feuilles d'un bon papier lisse, mais très peu collé, ne doit pas être précisément mouillé, mais humide. C'est du mouillage du papier que le succès de l'opération dépend.

On le met en état en mouillant à l'éponge, et des deux côtés, une feuille sur quatre.

Le cahier est posé sur une glace. On pose pardessus une seconde glace qu'on surcharge avec des poids pour forcer les feuilles imbibées d'eau à transmettre assez de liquide aux feuilles superposées et pour leur communiquer une certaine moiteur suffisante pour ramollir la gomme sans l'étendre.

La feuille gommée est placée, la face préparée

en dessus, dans le milieu du cahier humide. On la recouvre d'un papier parfaitement sec et lisse. Le cahier est ensuite fermé et l'on replace la glace supérieure avec des poids qui font pression sur le tout.

Le dessin est prêt à reporter quand la feuille mixtionnée manifeste une tendance à adhérer sur le papier sec qui la couvre et qui la protège contre l'excès d'humidité des feuilles humides qu'on a rabattues.

L'adhérence du papier sur la feuille sèche, ou mieux la velléité d'adhérence se manifeste après deux minutes de pression. La feuille doit être immédiatement retirée et appliquée incontinent sur le verre prêt à recevoir le report.

Il serait inutile de poursuivre l'opération si le dessin insolé adhérait complètement à la feuille sèche. Le dessin serait alors reporté en tout ou en partie sur le papier, et le verre ne recevrait qu'une partie du dessin.

Si le mouillage a été convenablement conduit, la feuille gommée est appliquée sur la couche de bitume. On couvre le papier avec une feuille sèche et lisse et l'on exerce une pression régulière sur le verre, à l'aide d'un rouleau d'imprimerie ou d'une raclette en caoutchouc qui sert dans le procédé au charbon.

On presse d'abord modérément et l'on imprime plus d'énergie au rouleau à mesure que le papier sèche. Il ne s'agit plus dès lors que de détacher la feuille de papier du verre où elle laissera une couche de gomme qui sera l'inverse du dessin qu'on veut graver.

On y arrive en mouillant non pas avec une éponge imbibée d'eau, mais simplement humide, le dos du papier gommé. On passe sept ou huit fois l'éponge dans l'intervalle des deux ou trois minutes suffisantes pour laisser à l'humidité le temps de pénétrer jusqu'à la gomme à travers les pores du papier.

On soulève alors délicatement un des coins de l'épreuve et, si la gomme se trouve adhérente au bitume, la feuille entière peut être détachée par une traction légère. Le coin soulevé est rabattu si le décalque est indécis. Dans ce cas, l'éponge humide est repassée sur la feuille et l'on attend en vérifiant le progrès du mouillage.

Le dessin reporté sur le bitume est visible.

L'épreuve au bitume peut être développée aussitôt que la couche de gomme est sèche; mais, pour donner plus de solidité au report, il n'est pas inutile d'immerger le verre dans un bain d'alcool et de tanin :

Alcool.	250gr
Tanin..	3

Ce bain est passé sur la gomme humide ou quand la couche est sèche.

L'épreuve est développée dans un bain d'essence de térébenthine.

Le lecteur a déjà prévu ce qui se passe.

La térébenthine est sans action sur la couche de gomme, qui n'est pas soluble dans ce dissolvant. Mais l'essence attaque le bitume partout où la gomme n'a pas été reportée, c'est-à-dire dans les traits qui laissent le dessin à découvert.

C'est donc le dessin qui est dissous et le fond qui reste.

Après le développement, le verre vu par transparence montre le dessin à jour.

Le verre est donc mis à nu dans tous les parties qui forment le dessin. Le reste de la surface garde la couche de bitume intacte.

Le rôle de la gomme est terminé. Il importe peu qu'elle soit ou non sur le bitume. C'est le bitume seul qui s'oppose à l'attaque de l'acide fluorhydrique qui mordra le verre partout où il y aura absence de vernis-réserve.

On suit dans le développement la méthode que nous avons indiquée précédemment.

On peut employer la gomme d'une autre manière. On procède alors sans report. La couche est versée directement sur le bitume puis séchée à une chaleur douce dans une étuve ou autrement. Une simple ventilation, à l'aide d'une feuille de carton, sèche la couche en huit ou dix minutes.

Dans ce cas la dissolution de gomme doit être beaucoup plus fluide.

Eau	250^{cc}
Gomme arabique.	10^{gr}

On suit pour l'insolation et pour le développement les indications qu'on a lues plus haut à propos de la couche de gélatine.

Le développement ne nécessite pas l'emploi de l'eau chaude. L'eau ordinaire suffit pour enlever la partie soluble de la couche. S'il y avait excès d'insolation, on pourrait cependant faciliter le développement en immergeant pendant une minute le verre dans de l'eau tiède ou très peu chauffée.

Le verre doit être retiré après ce laps de temps pour être passé dans l'eau froide où l'épreuve achève de se dégager.

On ne doit pas négliger d'examiner le résultat qui se voit sous l'eau à la lumière frisante. Si tous les détails de l'image manquaient de franchise, il serait bon de laisser la couche de gomme en communication avec l'eau pendant quelques minutes de plus.

Il ne faut pas négliger, quand le résultat est atteint, de laisser pendant cinq ou six minutes la couche de gomme, ou mieux la partie de la couche insoluble dans un bain composé comme il suit :

6

Eau	100^{cc}
Alun.	10^{gr}
Alcool	100^{cc}

On rince à l'eau, on laisse sécher, et le bitume est, comme dans les cas précédents, dissous à l'essence de térébenthine.

CHAPITRE IV.

Appareil pour graver le verre aux vapeurs de acide fluorhydrique.

Cet appareil est d'une construction très simple. Il peut être fait de plusieurs manières.

Il se compose d'un récipient sphérique en plomb formé de deux parties qui s'ajustent par le milieu.

La partie inférieure reçoit la chaux fluatée et l'acide sulfurique. Elle est placée sur un bain de sable.

On ajuste après le chapeau de la sphère qui a un prolongement à angle droit en tout semblable à celui de la cornue en verre dont l'usage est si fréquent en chimie.

Les deux parties de la cornue, c'est-à-dire du récipient en plomb, sont ajustées et hermétiquement closes ou lutées avec un mélange de kaolin et de farine de lin. La craie ordinaire, le blanc de Meudon, l'argile même peuvent remplacer le kaolin. Le kaolin est l'argile blanche qui forme la pâte de la porcelaine.

Le prolongement de la cornue reçoit un tube en plomb qui vient s'ajuster sur la seconde partie de l'appareil, où l'épreuve à graver doit prendre place.

Il n'est pas nécessaire que cette première partie de l'appareil soit de forme sphérique.

Une boîte en plomb, quelle qu'en soit la forme, peut servir au même usage.

Il est très facile de construire cette boîte ainsi que la seconde dont nous allons parler.

Le plomb se laisse manier comme la terre plastique. On découpe dans une feuille de ce métal un carré assez grand dont le développement correspond aux dimensions qu'on veut donner à chacune des deux parties de l'appareil.

On trace donc à l'équerre, pour obtenir l'égalité des angles, un carré B sur la feuille de plomb, à l'aide d'une pointe. On prolonge ensuite les lignes de la figure tracée d'une quantité quelconque et l'on ferme ces lignes parallèles par des lignes perpendiculaires, à une distance égale à celle du côté du carré au centre.

On a le soin de former un double carré sur l'un des côtés pour déterminer la figure ci-contre.

On choisit une feuille de plomb de $0^{m},003$ d'épaisseur et l'on incise avec une lame tranchante, à défaut d'outil spécial, mais seulement au quart de l'épaisseur du métal, toutes les lignes qui forment les carrés juxtaposés, et l'on enlève complètement le reste du métal, qui est étranger à la figure, à l'aide d'une taille profonde.

On retourne après la découpure, qui est en

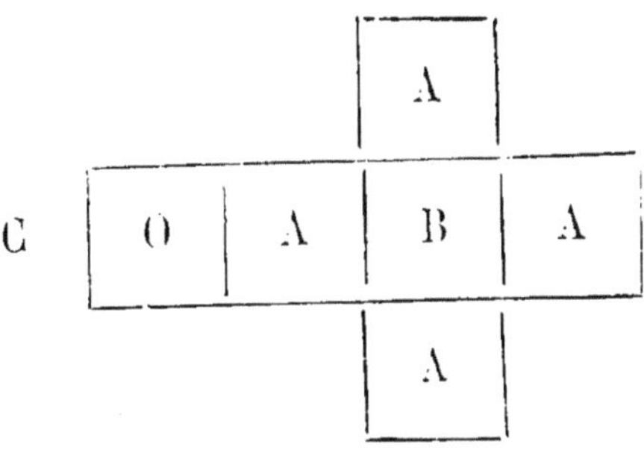

forme de croix, et l'on rabat chaque carré suivant la ligne d'incision.

B représente le fond de la boîte, AAAA les quatre côtés et C le couvercle, qui sera percé d'une ouverture O, où l'on ajustera le tube en plomb qui conduira le gaz dans la seconde boîte où la feuille de verre doit trouver place pendant la gravure.

On réunit ensuite les côtés au fer et à la soudure.

Pour souder les parties, il faut d'abord aviver le métal en le raclant avec une lame sur les parties qu'on veut joindre. On passe sur l'arête, à vif, un peu de stéarine qu'on détache d'un bout de bougie et l'on applique le fer à souder ou un fer chaud quelconque sur les joints, où l'on fait couler quelques gouttes de soudure. Le fer ne doit pas dépasser la couleur rouge sombre.

Si le fer était trop chaud on ne souderait pas,

mais on fondrait la feuille de plomb elle-même.

On soude au couvercle de la boîte en plomb un tube de même métal de $0^{m},30$ de longueur.

Ce tube conduit le gaz dans la seconde partie de l'appareil, où se fait la gravure.

On dispose ensuite un réchaud qui reçoit un vase quelconque rempli de sable. La boîte en plomb pénètre dans le sable jusqu'à la moitié de sa hauteur.

Une chaleur modérée suffit pour déterminer la combinaison de l'acide sulfurique et du fluorure de chaux. Le plomb, du reste, fondrait si le feu du réchaud était trop vif.

On met alors la chaux fluatée et l'acide sulfurique dans le récipient :

Fluorure de chaux.	100^{gr}
Acide sulfurique à 66°. .	200^{gr} ou 300

Les vapeurs d'acide fluorhydrique ne tardent pas à se dégager et à se faire jour dans le tube en plomb.

Le tube est ajusté sur la paroi d'une cuvette en gutta-percha, qu'on perce au fer chaud sur l'un des côtés.

On choisit une cuvette photographique un peu moins grande que les feuilles de verre sur lesquelles on opère.

Le verre qui doit recevoir la Gravure forme le couvercle de la cuvette.

La partie préparée de la feuille fait face au fond du récipient qui reçoit les vapeurs acides.

Le dégagement des vapeurs d'acide fluorhydrique peut s'obtenir plus simplement.

Dans ce cas, la boîte en plomb est supprimée. On dispose sur le réchaud une cuvette du même métal qu'on substitue au récipient en gutta-percha.

Cette cuvette en forme d'auge doit être assez profonde. On pourra lui donner $0^{m},10$ de côté.

Elle reçoit directement la chaux fluatée et l'acide sulfurique. Le mélange se fait avec une spatule en porcelaine. Quand la pâte est homogène, la cuvette est portée sur le réchaud qui active la combinaison des deux produits. Il ne faut, avons-nous dit, qu'une chaleur modérée.

Le couvercle de la cuve est, comme précédemment, le verre même qui doit recevoir la Gravure.

On peut, pour donner une issue aux vapeurs en excès, ajuster sur le côté de la cave un tube recourbé en *u* avec du mercure; mais une petite ouverture, percée sur un des côtés de l'appareil dans la partie supérieure, est une précaution suffisante.

Les vapeurs acides qui se dégagent du fond de la cuvette s'élèvent et se condensent sur le verre qui sert de couvercle et le verre ne tarde pas à être attaqué.

Nous avons dit que la Gravure aux vapeurs

acides convenait mieux aux sujets délicats formés de traits fins et serrés.

On n'arrive pas en suivant cette méthode à creuser profondément le verre. Mais, si peu accentuée que soit la gravure, le dessin sur verre blanc n'en est pas moins bien marqué, puisque les vapeurs d'acide fluorhydrique dépolissent la surface rongée.

L'opposition entre le mat et le poli de la surface produit un contraste heureux et les effets cherchés sont obtenus par la morsure la plus légère.

Le verre blanc et la glace ne doivent pas, sauf exception, être traités autrement. Une morsure prolongée à l'acide liquide dilué ne donnerait pas les mêmes résultats. Le dessin mordu, même profondément, ne serait visible qu'en inclinant le verre pour l'examiner par transparence sous un rayon incident oblique.

La morsure à l'acide liquide sur verre blanc est préférable quand on ne vise pas aux effets par le contraste du poli et du dépoli, mais quand l'opération a pour but de produire une gravure profonde pour arriver au contraste par transparence par le jeu des couleurs. Dans ce cas les lignes et les parties creusées sont remplies au pinceau d'émaux transparents qu'on fixe au feu en suivant la méthode que nous avons indiquée pour les émaux cloisonnés sur cuivre.

Dans le remplissage des creux du métal on se sert de blanc d'émail qui est beaucoup plus fusible que la pâte et l'on se borne le plus souvent à colorier au pinceau les lignes et les parties empâtées par l'émail qui remplit les creux. On choisit, en général, des couleurs vitrifiables transparentes. La fusion égale des fonds qui ont reçu le même émail rend ce travail plus facile, et le fond blanc, d'autre part, donne un certain éclat aux couleurs superposées au pinceau et remplace en quelque sorte le paillon d'or et d'argent.

On peut, sur métal, employer les émaux opaques de différentes couleurs, mais pour le genre de décoration dont nous parlons et qui vise l'ornementation du verre, les émaux de remplissage ne peuvent être que des couleurs transparentes, sauf le cas où la composition du dessin qui sera vu par transparence exigerait, pour produire son effet, l'interception complète de la lumière dans quelques-unes de ses parties.

Les émaux transparents à employer sont ceux qui servent à la peinture sur verre et qui se vitrifient à basse température avant que le verre blanc ait subi aucune déformation au feu. On ne doit pas dépasser le rouge modéré.

Ces émaux sont en général formés de trois parties de fondant et d'une partie d'oxyde. On les trouve prêts à l'emploi dans l'industrie. En voici les formules.

Si les émaux, flux et oxyde colorant, subissent une première fusion avant l'emploi, le fondant sera composé comme il suit :

Fondant 1.

Silice	1
Oxyde de plomb	3

Le fondant sera plus fusible si l'oxyde de plomb (céruse) est mis en plus grande quantité.

Si les oxydes sont incorporés au fondant par simple mélange, sans être combinés au feu de moufle, nous conseillons d'ajouter une partie de borate de soude au fondant. La formule sera alors :

Fondant 2.

Silice	2
Céruse	8
Borax calciné	1

On consultera notre *Traité pratique des Émaux photographiques* (1) où l'on trouvera les formules des fondants qui conviennent le mieux au développement de chaque couleur.

Voici une troisième formule de fondant très

(1) GEYMET, *Traité pratique des Émaux photographiques. Secrets* (tours de main, formules, palette complète, etc.) *à l'usage du photographe émailleur sur plaques et sur porcelaines.* 3e édition. In-18 jésus ; 1885 (Paris, Gauthier-Villars).

fusible et bien appropriée à la préparation des couleurs pour peindre sur verre.

Fondant 3.

Oxyde de plomb	3
Silice	1 1/2
Borax calciné	8

Le degré de fusibilité des couleurs dépendant, comme il a été dit, de la composition du fondant et de son dosage par rapport aux oxydes colorants, il suffira d'ajouter l'oxyde répondant au ton de l'emploi, ou la fonte préalable qui a développé ce ton à l'un des fondants indiqués ci-dessus.

On aura après porphyrisation la couleur fusible qu'on veut appliquer sur le verre. Nous n'indiquons ici que les émaux transparents.

Ces oxydes sont :

Pour le noir	Oxyde à noir.
Pour le bleu	Cobalt (fonte préalable).
Pour le jaune	Chlorure d'argent.
Pour le carmin	Chlorure d'argent et pourpre de Cassius.
Pour le pourpre	Pourpre de Cassius.
Pour le violet	Oxyde de fer violet.
Pour l'outremer	Oxyde d'outremer, composé de : Hydrate d'alumine . . . 3 Carbonate de Cobalt . . 1

Pour le rouge........	Oxyde de fer (ton de l'emploi).
Pour le brun	Oxyde à brun.
Pour le vert	Oxyde de chrome.
Pour le vert bleuté...	Oxydes de chrome et de cobalt.
Pour le vert pré......	Oxydes de chrome, de fer et de zinc.

Ces indications ont leur complément dans notre *Traité pratique des Émaux photographiques* (1).

(1) Paris, Gauthier-Villars.

CHAPITRE V.

Émulsion au collodion.

Ce Paragraphe pourrait être placé dans notre *Traité pratique de Photographie* [1]; mais la série d'ouvrages que nous écrivons formera un ensemble où le lecteur trouvera non seulement tous les procédés, mais encore toutes les formules qui peuvent lui être utiles, pour en tirer le meilleur parti possible. On ne peut pas ajouter à un Traité un nouveau Chapitre quand l'édition suit son cours. Nous pensons donc qu'il est plus rationnel d'indiquer dans un livre qui doit être imprimé à courte échéance, les procédés que nous jugeons bons à connaître, plutôt que d'attendre la réimpression du Traité où ces indications seraient à leur vraie place.

La formule et l'application pratique de cette émulsion au collodion qui n'est en principe que

[1] GEYMET, *Traité pratique de Photographie* (Eléments complets, Méthodes nouvelles, Perfectionnements (suivi d'une Instruction sur le *Procédé au gélatinobromure*. 3e édition. In-18 jésus 1885 (Paris, Gauthier-Villars).

l'émulsion de M. Chardon, modifiée dans le dosage et variant dans le mode d'emploi, donne des résultats remarquables.

Nous avons fait l'essai du procédé. Les négatifs obtenus ont beaucoup de finesse, les fonds sont opaques. Ces clichés nous paraissent le type du négatif nécessaire au graveur chimique. Il ne s'en suit pas que les procédés multiples que nous avons signalés et qui sont développés dans les Traités spéciaux soient à dédaigner, mais nous pensons qu'une méthode simple et commode dans l'application doit toujours trouver sa place dans un livre qui traite de procédés photographiques.

L'émulsion de M. Chardon ne s'obtenait pas facilement. Les manipulations en étaient longues et le résultat, même dans des mains habiles et exercées, n'était pas toujours sûr.

Cette émulsion, du reste, dont le défaut capital était de voiler les négatifs, s'employait sur glace sèche. Celle dont nous conseillons l'usage ne voile jamais. On s'en sert à l'état humide.

Elle n'a pas la sensibilité du gélatinobromure, mais on peut poser indéfiniment sans avoir à craindre les réductions qui sont le côté faible du collodion humide quand la lumière fait défaut. Elle est du reste moitié plus rapide que le collodion sec préparé au tanin.

Pour le portrait et le paysage, le photographe, jusqu'à présent du moins, n'a rien de mieux que les glaces au gélatinobromure. Il ne doit avoir en vue que la rapidité de la pose.

Mais l'industrie photographique, hors ces deux cas, n'a pas à s'inquiéter du temps de pose. Le point essentiel, c'est que le négatif de gravure ait toutes les qualités exigées par l'emploi. Or, si les réductions ne sont pas à craindre, il importe peu que le temps nécessaire à l'obtention du cliché soit plus ou moins long, si ce temps, du reste, est limité à quelques minutes.

Formule N° 1.

BROMURE COMPOSÉ.

Bromure d'ammonium sec.	20gr
Bromure de zinc (pur).	20
Bromure de cadmium (anhydre). . .	20

Formule N° 2.

LIQUEUR BROMURÉE.

Bromure composé.	52gr
Alcool à 40°.	200

Formule N° 3.

COLLODION BROMURÉ.

Alcool à 40°.	300cc
Coton résistant.	5gr
Coton pulvérulent	20
Éther à 62°.	550cc
Liqueur bromurée.	150

Formule N° 4.

Azotate d'argent	30gr
Eau.	20cc
Alcool.	25

Pour préparer le bromure composé, le bromure de zinc est dissous dans l'alcool *absolu*. On évapore après filtration.

Le bromure de cadmium est rendu anhydre par fusion. Ces deux conditions relatives aux bromures sont rigoureuses.

On voit, d'après la formule, qu'il n'est pas nécessaire de préparer d'abord une émulsion sèche pour la redissoudre après dans un mélange d'éther et d'alcool. L'émulsion n'exige pas d'autres manipulations que celle du collodion ordinaire.

On ajoute l'azotate d'argent au collodion bromuré quand le coton azotique est complètement dissous. Ce mélange doit se faire avec attention. La solution d'argent est versée goutte à goutte et l'on agite à mesure en secouant vigoureusement le flacon.

Il serait très difficile de dissoudre 25^{gr} d'azotate d'argent dans 45^{cc} d'un mélange d'eau et d'alcool. Aussi faut-il opérer la dissolution du sel d'argent dans un ballon en verre placé sur un bain de sable et prolonger l'ébullition jusqu'à la dissolution complète de l'azotate.

Préparation des glaces et développement.

Il est bien entendu que la préparation de l'émulsion et le collodionage des glaces ne peuvent se faire qu'à la lumière rouge. Les bromures sont influencés par le rayon jaune.

L'émulsion qu'on peut employer immédiatement après la dissolution des sels est versée sur les glaces comme le collodion ordinaire. La couche ne doit être ni trop mince ni trop épaisse. On incline légèrement le verre pour recevoir l'excédent.

Cette émulsion est bonne pour préparer les glaces sèches et humides. Il faut dans les deux cas laver abondamment la couche sous le robinet de la fontaine du laboratoire. Il est inutile d'employer l'eau distillée.

Il n'est pas mauvais, cependant, quand l'eau a coulé librement sur le verre et quand tout aspect graisseux a disparu, de terminer par un lavage à l'eau distillée, en plongeant les glaces pendant quelques secondes dans une cuvette.

Nous avons dit que la sensibilité de cette émulsion n'égalait pas celle du collodion ioduré.

Cette sensibilité varie. La glace est tantôt plus lente, tantôt plus active, sans s'écarter pourtant d'une moyenne normale exigeant un temps double d'exposition.

Si le collodion ioduré est posé 5 secondes à l'état humide et 15 minutes quand il est sec, le temps de pose pour la glace émulsionnée sera de 10 mi- et de 30 minutes selon le cas.

On voit, d'après cet exposé, que nous ne conseillons pas cette méthode comme procédé rapide.

Quelques minutes de plus ou de moins dans l'atelier, quand il s'agit de reproductions ne tirent pas à conséquence, puisque le type n'est pas sujet à se déplacer.

Le point important, c'est d'obtenir un négatif sans voile, d'une grande pureté, d'une transparence complète dans le trait avec un fond opaque.

L'émulsion préparée d'après la formule qui précède ne voile jamais.

Les accidents et les taches ne sont pas à craindre pendant le développement.

Développement. — C'est le développement alcalin qu'il convient d'adopter pour révéler l'épreuve et pour la renforcer.

La glace placée pendant 30 secondes dans un bain d'eau fraîche est reprise. On la développe avec les bains suivants :

Formule N° 1.

Eau distillée.	100cc
Carbonate d'ammoniaque.	4gr
(ou ammoniaque liquide)	4cc

Formule N° 2.

Alcool à 40°.	150cc
Acide pyrogallique.	20gr

Formule N° 3.

Eau	100cc
Bromure de potassium.	5gr

On verse 100^{cc} d'eau de pluie dans la cuvette et l'on y mêle 1^{cc} du bain n° 2. (Acide pyrogallique.)

Aussitôt que l'émulsion est pénétrée par le réducteur on ajoute, en retirant la glace pendant quelques secondes :

Solution n° 1 (carbonate de potasse). .	25 gouttes.
Solution n° 3 (bromure).	10 »

La glace est balancée dans le bain et l'image apparaît graduellement. Elle se renforce sous l'action de l'ammoniaque.

Ce traitement est ordinairement suffisant, mais il arrive quelquefois, par manque de pose, que le négatif ne monte pas et qu'il reste stationnaire.

On complète le renforcement, dans ce cas, par le développement acide, en mélangeant les deux bains suivants qui ne sont plus versés dans la cuvette, mais passés à la main.

Formule N° 4.

Eau distillée ou de pluie.	100^{cc}
Acide pyrogallique.	$0^{gr},5$
Acide acétique cristallisable. . . .	5^{gr}

Formule N° 5.

Eau de pluie.	100^{cc}
Azotate d'argent cristallisé ou fondu.	3^{gr}
Acide citrique	1^{gr}

Le négatif convenablement renforcé est lavé, puis désiodé à l'hyposulfite de soude.

Émulsion au chlorure.

Dans la Gravure sur verre le négatif est sans emploi, sauf quelques cas particuliers, mais il n'en est pas moins le point de départ du travail de Gravure.

Le positif seul est employé, mais l'épreuve inverse ne peut être bonne qu'autant que le négatif réunit les conditions requises.

On obtiendra le cliché positif soit en employant les glaces émulsionnées sèches préparées d'après la méthode qui précède et qu'on développera comme les verres humides, soit encore par l'émulsion au chlorure d'argent, qui n'exige pas de développement puisque l'épreuve positive se tire au châssis-presse comme le papier photographique ordinaire.

Les collodions émulsionnés au bromure et au chlorure donnent des clichés positifs bien supérieurs à ceux qu'on obtient avec le gélatinobromure, qui sont le plus souvent voilés. C'est ce qui nous engage à revenir sur la méthode au chlorure d'argent. Nous avouons cependant que le gélatinochlorure est d'un excellent emploi pour clichés positifs. Les résultats sont de beaucoup supérieurs à ceux qu'on obtient avec les glaces sèches au gélatinobromure. Nous indiquerons plus loin la préparation du gélatinochlorure.

On trouve maintenant dans les maisons spéciales les émulsions bromurées et chlorurées. Nous ne dirons rien ici de la préparation des glaces. Les manipulations minutieuses et longues arrêtent les photographes et les amateurs et, à plus forte raison, les industriels qui ne sont pas suffisamment au courant des travaux du laboratoire.

Mais les émulsions au collodion, dont la préparation n'exige que quelques minutes, peuvent trouver leur place dans un livre destiné à répandre les procédés industriels.

Les glaces sèches au collodiochlorure et l'émulsion elle-même peuvent être traitées en demi-lumière sans crainte de voile.

Quand ils sont secs, les verres sont mis en boîtes. Ils se conservent très longtemps.

Il n'est pas nécessaire de travailler à la lumière jaune ou à la lumière rouge, dans bien des cas. quand les produits employés n'ont qu'une sensibilité relative.

La gélatine et les papiers au charbon, par exemple, n'ont pas de sensibilité à l'état humide. On peut donc manipuler en demi-lumière. La seule précaution à prendre est de placer à l'abri du jour les préparations en voie de dessiccation et surtout quand elles sont sèches.

La lumière n'a pas le temps d'agir pendant les manipulations de la mise au châssis-presse ni pendant le transport des glaces ou des feuilles du châssis-presse dans la cuvette à développer. Il est bon que le lecteur soit fixé sur ces points. Les manipulations sont plus précises quand l'opérateur peut travailler en bonne lumière. Les amateurs n'ont pas toujours à leur disposition un laboratoire éclairé à la lumière jaune, où ils puissent se mouvoir à l'aise.

Nous opérons en plein jour pour préparer les cuivres ou les glaces que nous employons pour le tirage à la presse sur couche de gélatine. Les couches ne sont soustraites au jour que pendant le temps qu'elles passent dans l'étuve. La mise au châssis, le dégorgement, tout, en un mot, se fait ensuite en pleine lumière.

La couche de gélatine n'est pas sujette à se voiler comme le collodion ioduré et comme le gélatino-bromure. Elle peut supporter les atteintes de la lumière diffuse au cours du traitement, sans donner pour cela des épreuves voilées au tirage. En admettant même qu'elles soient légèrement influencées en dehors du châssis, un peu d'humidité en plus fait disparaître ce défaut sous la presse.

On peut en dire tout autant relativement à la fabrication des émaux photographiques. Quoique les couches de gomme et de glucose bichromatées soient très sensibles, on peut opérer en pleine lumière. Le séchage des glaces peut se faire en plein jour ; il n'y a pas avantage à opérer dans l'obscurité ou à la lumière transmise par un verre decouleur.

Il est bien entendu qu'il ne faut pas abuser de ces avantages. On évitera toujours le contact du rayon direct du soleil sur les surfaces sensibles.

On se souviendra au surplus que nous avons dit que la gomme, l'albumine et la gélatine bichromatées sur verre ou sur planches métalliques préparées pour un travail de gravure seraient voilées et hors d'emploi par un simple reflet de lumière diffuse.

Dans ces applications, le cas n'est plus le même. Il s'agit en effet de laisser à la gomme et à l'albumine toute leur solubilité dans le dissolvant employé, qui est l'eau fraîche. Il suffit d'exposer une surface recouverte de ces produits pendant quelques secondes à la lumière, pour que la couche résiste au dissolvant. Or, cette couche doit céder totalement; il ne doit pas en rester trace sur la seconde couverture de bitume, si l'on veut que la térébenthine agisse librement et dégage les traits.

Dans le procédé au charbon, en Phototypie, et dans la production des épreuves pour émail, nous ne cherchons qu'une surface plus ou moins soluble à l'eau froide ou à l'eau chaude, suivant le cas. Il suffit pour l'émail que la partie insolée soit, par suite de l'influence lumineuse, à l'abri du ramollissement à la température ambiante et que la partie protégée contre le jour par les noirs du positif puisse au contraire absorber l'humidité.

On voit que, dans tous ces cas, l'influence lumineuse n'agit que relativement et conformément à l'emploi des couches sensibles qui n'exigent pas un état précis et déterminé, mais un état relatif du plus ou moins qui établit une différence suffisante entre la solubilité et l'insolubilité. Une différence d'équilibre rend les opérations possibles et ce ne sont pas les quelques minutes qui s'écoulent pendant les manipulations au jour qui peuvent contribuer à rompre cet équilibre.

Pour la Gravure, au contraire, la couche sensible exige un état précis. La partie voilée doit rester entièrement soluble dans l'eau, comme elle l'était avant l'exposition au jour, et la partie insolée doit pouvoir résister pendant quelques minutes à l'eau fraîche.

Ces préparations et les manipulations relatives à la Gravure doivent donc se faire à l'abri de toute lumière blanche, puisque quelques secondes d'exposition au soleil ou quelques minutes à l'ombre insolubilisent la partie influencée.

Formule du collodiochlorure émulsionné.

Cette nouvelle formule, qui diffère, dans le dosage, de celle que nous avons déjà donnée dans un autre Traité, se prête mieux aux clichés positifs destinés aux travaux de gravure sur verre et sur métal. L'émulsion plus dense donne des fonds beaucoup plus intenses et tout à fait convenables pour la gravure au trait.

La couche trop épaisse s'étendrait mal sur le papier couché. Elle doit avoir pour support un corps résistant qui ne soit pas spongieux.

COLLODION NORMAL.

Formule N° 1.

Alcool à 40°	60cc
Éther à 62°	140cc
Coton pulvérulent	2gr
Coton résistant	1/2gr

Formule N° 2.

Eau distillée	55gr
Azotate d'argent	50gr

Formule N° 3.

Alcool à 40°	100cc
Chlorure de calcium fondu.	3gr,25

Formule N° 4.

Alcool à 40°	100cc
Acide citrique	4gr

Le chlorure de calcium est le produit blanc et soluble et non le chlorure commun qui sert à déshydrater.

On introduit d'abord dans 100cc de collodion normal décanté et limpide : 10cc de la solution n° 3, et l'on ajoute, après avoir agité le flacon, 10cc de la solution n° 4.

La sensibilité de l'émulsion augmente si l'addition d'acide citrique est réduite à 5^{cc} ou à 6^{cc}. La suppression de l'acide nuirait à la conservation du produit.

Le collodion est rendu sensible, en versant goutte à goutte dans le flacon, qui a déjà reçu le chlorure et l'acide citrique, 5^{cc} de la solution n° 4 (azotate d'argent).

Tout dépôt caillebotcux qui se formerait au fond du récipient indiquerait une émulsion incomplète.

On verserait dans ce cas la partie liquide et laiteuse dans un autre flacon, et l'on ajouterait dans le premier flacon assez d'éther pour redissoudre le caillot. Le tout serait ensuite réuni dans le même flacon.

Il est inutile de filtrer l'émulsion si la combinaison du chlorure et de l'azotate d'argent est intime et si le liquide, laiteux d'aspect, est sans granulation en suspens.

En cas contraire, le collodion émulsionné sera filtré sur un carré de flanelle : il ne passerait pas à travers les pores du papier.

Le dosage indiqué comporte un léger excès d'argent. C'est une condition indispensable pour obtenir de la vigueur dans les fonds des clichés positifs.

Si les épreuves sur verre n'ont pas une intensité suffisante, il est certain que les proportions indiquées ont été modifiées, non pas dans le dosage, mais par suite de la combinaison qui a mal réussi, par suite du trop de hâte qu'on a mis en versant l'azotate dans le flacon sans agiter suffisamment et sans avoir laissé s'écouler un temps d'arrêt assez prolongé entre chaque partie versée.

La préparation de cette émulsion peut se faire en demi-lumière ; mais le produit, dès qu'il est prêt, sera conservé à l'abri du jour.

Préparation des glaces. — La couche émulsionnée manquerait d'adhérence et pourrait se soulever aux lavages, si le collodion était étendu sur le verre décapé et nu. Le passage au talc n'est pas une garantie suffisante.

Mais on obtient une adhérence complète et, pour ainsi dire, une soudure à toute épreuve en couvrant d'abord les glaces d'une couche d'albumine qui est insolubilisée, quand elle est sèche, par un séjour de trois minutes dans un bain d'alcool à 40°.

L'albumine sèche, qu'on nomme *albumine des œufs*, est d'un meilleur emploi que l'albumine fraîche dans toutes les applications qu'on peut en faire en Photographie. Elle sera préparée comme il a été dit dans un autre Chapitre. Nous insistons surtout sur le triple filtrage qui est non pas utile, mais nécessaire pour rendre le produit limpide et exempt de toute trace de poussière.

L'albumine décantée, après quelques jours de

préparation et après les filtrages réglementaires, devient aussi limpide que le collodion photographique. Il est bon de préparer une série de glaces qu'on met en boîte après insolubilisation.

L'émulsion est versée comme à l'ordinaire sur les verres. On incline légèrement le support pour en laisser une couche suffisante. Si le subjectile penchait trop du côté de l'opérateur, la couche serait inégale.

Les verres mixtionnés sont immédiatement placés sur une glace mise de niveau. On les met en boîte quand ils sont secs. Ils gardent toutes leurs qualités, même après plusieurs années.

Insolation et virage. — L'insolation se fait sans châssis-presse spécial. Le produit se solarise si la presse est placée aux rayons directs du soleil. Le tirage réussit toujours à l'ombre. On peut toutefois, quand l'épreuve est à moitié insolée, porter le châssis en plein soleil pour hâter le résultat.

Le collodiochlorure n'exige pas l'emploi des bains révélateurs. On ne renforce pas; l'image se forme seule, comme sur le papier photographique ordinaire.

Mais il ne faut pas s'y tromper : une épreuve qui serait jugée suffisamment venue sur papier ne donnerait qu'un cliché positif pâle, sans vigueur et tout à fait insuffisant pour un travail de Gravure et même pour tout autre procédé.

L'épreuve, qu'on peut consulter, pour en constater la vigueur en enlevant délicatement la planchette du châssis-presse, n'est bonne à virer que lorsque les traits sont complètement métallisés. La métallisation doit être entière dans les grands noirs des épreuves de demi-teintes.

Le tirage des clichés positifs au collodiochlorure exige un temps très long. Le papier serait insolé à point cinq ou six fois plus vite, et c'est pour ce motif que nous conseillons de porter le châssis-presse au soleil quand l'épreuve a acquis l'intensité d'une épreuve jugée bien venue dans le tirage ordinaire. Mais il ne faut pas oublier que le châssis, mis au soleil dès le début de l'insolation, a pour résultat immédiat la solarisation de la couche, qui rougit et se décompose sans passer au noir.

Nous avons omis de dire que les glaces mixtionnées doivent être lavées dès que l'émulsion a fait prise sous le robinet de la fontaine du laboratoire.

Ce lavage doit être large et abondant : on ne s'arrête qu'au moment où l'eau coule en nappe régulière sans laisser voir des taches huileuses sur la couche.

Il ne s'agit plus, après la venue de l'épreuve, que de la virer et de la fixer.

Le ton importe peu, puisque le cliché positif n'est qu'un transparent nécessaire au graveur.

L'épreuve peut être virée et fixée en même temps dans le bain suivant :

Eau.	1000cc
Sel ordinaire	60gr
Hyposulfite de soude	120
Chlorure d'or dissous dans 100cc d'eau distillée.	1

Ce virage agit lentement. Le résultat est très prompt dans la solution suivante :

Eau.	1000cc
Borax.	100gr
Chlorure d'or.	1

Nous indiquons de préférence, dans nos Traités écrits pour l'industrie, les procédés qui évitent l'emploi de la chambre noire et de l'objectif dans les travaux secondaires.

Émulsion au gélatinochlorure.

Les clichés positifs pour graver le verre peuvent être demandés au gélatinochlorure. La gélatine se prête comme le collodion à l'émulsion chlorurée.

Il n'est pas indispensable de préparer la mixtion à la lumière rouge; la lumière jaune est une garantie suffisante. Les manipulations ne courent aucun risque, même si la mixtion sensible est chauffée en demi-lumière.

Il faut cependant que les glaces préparées sèchent dans l'obscurité.

Les voiles, du reste, ne sont pas à craindre avec ce produit relativement peu sensible.

Le chlorure d'argent en suspension dans le collodion, dans la gélatine et dans l'albumine, n'est réduit que lentement par la lumière. On suit la venue des épreuves comme dans le tirage sur le papier albuminé. Elles ne sont pas soumises au développement, tout le travail de réduction est fait par la lumière.

Les épreuves au gélatinochlorure sur verre passent, après la venue au châssis-presse, dans un bain qui les vire et qui les fixe en même temps ; et, après un lavage modéré à l'eau, le cliché positif est terminé.

Voici les proportions exactes pour préparer une excellente émulsion. Nous verrons après à modifier la formule pour arriver à une intensité plus grande dans le trait, suivant l'emploi qu'on veut faire du cliché positif.

Formule N° 1.

Eau distillée.	10cc
Azotate d'argent	2gr1/2

Formule N° 2.

Alcool	10cc
Acide citrique	4cc
Eau distillée	10cc

Formule N° 3.

Alcool.	10cc
Chlorure de calcium	2gr1/2
Eau distillée.	10cc

Formule N° 4.

Gélatine	8^{gr}
Eau distillée.	100^{cc}

Après la dissolution complète de l'acide citrique et du chlorure de calcium, les solutions n°s 2 et 3 sont versées dans 60^{cc} d'eau distillée où l'on a fait dissoudre 2^{gr} de gélatine.

La mixtion est ensuite versée dans un ballon en verre, et l'on élève la température du liquide à 50° environ.

On ajoute par petites quantités à la fois la solution n° 1 et l'on agite vigoureusement le ballon après chaque addition d'argent.

Après une ébullition d'un quart d'heure au bain-marie, le n° 4 est incorporé à l'émulsion. On agite encore le ballon en tous sens pour opérer le mélange intime des produits.

On peut procéder dès lors à l'étendage du gélatinochlorure sur les glaces.

Il n'y a pas avantage à laver l'émulsion après l'avoir laissée prendre en gelée.

La dose d'argent, d'acide citrique et de chlorure de calcium peut être augmentée proportionnellement à la quantité de gélatine qui entre dans l'émulsion, le dosage de l'eau restant le même.

Si, par exemple, on fait dissoudre 12^{gr} de gélatine au lieu de 8^{gr}, tous les produits employés auront, en poids, un tiers en plus.

Deux points sont à considérer dans la préparation de la mixtion au gélatinochlorure : la quantité exacte de chlorure et d'argent et la densité de la dissolution de gélatine.

Il faut un léger excès d'argent, c'est la condition pour avoir des clichés positifs vigoureux et d'une venue rapide au châssis-presse. Il convient, par conséquent, d'établir, quel que soit le dosage choisi, un équilibre constant entre l'argent et le chlorure. Si le premier produit est dissous à une dose plus élevée, on élèvera proportionnellement le poids du second.

Il faut encore, comme nous l'avons dit, que la dissolution de gélatine soit assez sirupeuse pour tenir en suspens, comme dans un flux vitreux, le chlorure d'argent qui se forme par le mélange du chlorure de calcium et de l'azotate.

Si ces derniers sels entrent pour un tiers en plus dans l'émulsion, la gélatine liquide doit être plus épaisse pour maintenir le chlorure d'argent en suspension dans la masse.

Dans le cas contraire, tout irait bien pendant la préparation du gélatinochlorure ; la difficulté et l'insuccès ne se révéleraient qu'après la préparation des plaques. Le chlorure d'argent, qui n'est pas à l'état liquide, mais à l'état pulvérulent, abandonnerait par son propre poids la surface de la couche avant que la gélatine n'eût fait prise, et se déposerait en partie sur le verre. Les clichés positifs resteraient gris et sans vigueur.

Les glaces sèches sont exposées sur un négatif au châssis-presse. On soulève de temps en temps un des volets de l'appareil pour suivre les progrès de l'épreuve. On suivra les indications données dans le procédé au collodiochlorure. On évitera d'exposer le châssis aux rayons directs du soleil.

Cette mixtion est un peu plus rapide que l'émulsion au collodion. La sensibilité dépend du rapport exact entre le chlorure et l'argent. Le temps d'exposition est plus long si la couche est pauvre en argent.

L'acide citrique ne joue qu'un rôle secondaire. Il intervient pour faciliter et hâter la réduction du sel d'argent sous l'influence de la lumière. On sait que toutes les substances organiques, le sucre, l'amidon, l'acide tartrique et la glucose activent la décomposition des sels métalliques et tendent à rendre le métal libre.

Quelques gouttes d'ammoniaque, ajoutées quand les mélanges sont finis, rendent le gélatinochlorure plus sensible. La réduction de l'argent se fait mieux dans un milieu alcalin.

La grande sensibilité du gélatinobromure est due peut-être (*sub judice lis est*) à la couche de gélatine elle-même. Le bromure d'argent est plus prompt que l'iodure. Les glaces sèches préparées au bromure seul exigent moins de pose que la couche iodurée ; mais l'écart est trop grand entre le collodion humide bromuré et la couche de gélatinobromure, pour attribuer la sensibilité extraordinaire de cette mixtion, préparée dans de bonnes conditions, au bromure seul. Il est probable qu'il s'établit une fermentation latente dans la gélatine bromurée, même sèche, capable de troubler l'équilibre du bromure d'argent, qui est à la limite extrême de son point de dédoublement, et qu'il suffit alors d'un coup de lumière, même instantané, pour rompre définitivement l'équilibre.

Ce fait est plus qu'une hypothèse. Le courant électrique réduit instantanément les sels métalliques. Or, la lumière, l'électricité et la chaleur sont une même force engendrée par une seule entité.

Quoi qu'il en soit, et laissant à chacun la libre explication des faits, nous compléterons ce qui a trait au gélatinochlorure en indiquant la formule de virage :

Eau	1^{lit}
Sel ordinaire.	60^{gr}
Hyposulfite de soude.	120

Après la dissolution des sels, on ajoute au virage 1^{gr} de chlorure d'or dissous dans 100^{cc} d'eau distillée.

CHAPITRE VI.

Verres doublés.

Une morsure, même superficielle, sur verre blanc ou sur glace produit les effets prévus. Le dessin y est tout aussi apparent, avons-nous dit, que si le trait était creusé plus profondément.

Il n'en est pas de même pour le verre doublé ou triplé.

L'acide fluorhydrique sur ces verres doit creuser à fond et enlever la couche colorée.

Supposons, par exemple, que nous ayons à graver un dessin sur un verre blanc doublé de rouge.

Il ne suffit plus de dépolir le verre pour rendre le dessin visible par transparence : sur les verres de couleur le dépoli ne produit pas d'effet.

Il faut donc enlever la couleur et pénétrer jusqu'au verre blanc.

Le résultat, après gravure, est un dessin à deux tons : blanc et rouge.

Le sujet sera blanc sur fond rouge avec un cliché

positif, et rouge sur fond blanc si la couche sensible est exposée sur un cliché négatif.

Il vaut mieux renoncer à certains effets et ne traiter la Gravure sur verre que par la morsure en creux, ce qui revient à dire que l'héliographie doit toujours résulter d'un cliché positif, sauf le cas où le dessinateur au courant du procédé aurait interverti le dessin.

On n'attaque que les lignes mêmes qui forment le dessin. Il y a économie d'acide fluorhydrique, et l'opération n'offre pas de trop grandes difficultés. Le cas n'est plus le même, si l'on cherche à supprimer le fond rouge pour arriver au verre blanc et produire un dessin en rouge sur fond blanc.

Quelques soins qu'on prenne et quelle que soit la résistance du vernis de protection, l'acide s'insinue toujours plus ou moins entre les deux couches de verre superposées au moment où le mordant touche au verre blanc, et il devient difficile alors de sauvegarder les traits fins qui sont minés et enlevés par l'acide fluorhydrique.

Nous ne voulons pas dire qu'il y ait absence de soudure entre la couche rouge et la couche blanche. Mais le moment est critique quand le mordant atteint le point d'intersection des deux verres, qui n'ont ni la même densité ni la même dureté. Le verre blanc offre moins de résistance à l'acide que le verre de couleur, et il s'ensuit que l'acide, atteignant la couche incolore, creuse le trait coloré en dessous et le mine. Le trait fin et délicat, on le comprend, est alors soulevé. Le même fait se produirait dans la Gravure en relief sur zinc, si les finesses du dessin n'étaient pas protégées à chaque morsure par une couche d'encre et de résine.

Les verres de couleur ne peuvent donc pas être traités aux vapeurs de l'acide fluorhydrique. La morsure nécessaire pour atteindre le verre blanc exige trop de profondeur.

Les verres doublés seront mordus par immersion dans l'acide liquide dilué.

Ce genre de Gravure est chose facile avec les dessins faits à la main ou obtenus à l'aide de la pluie de Bitume usitée dans la Gravure ordinaire du verre.

Du reste le graveur sur verre, dans les méthodes courantes, ne vise point à la délicatesse du trait. Le dessin est en général formé de lignes larges qui résistent facilement à l'acide et qu'on peut, au besoin, recouvrir une deuxième et une troisième fois au pinceau de vernis au bitume, sur les points où la première couche de vernis faiblit.

Mais, dans l'espèce, le cas qui nous occupe n'est plus le même. Le genre de Gravure que nous proposons à l'industriel est tout différent.

Notre méthode se prête au travail de l'atelier et peut remplacer tous les genres qui ont cours. Elle tend à perfectionner les procédés purement mécaniques et à les rendre plus complets. Ce procédé permet au graveur sur verre d'obtenir photographiquement les reproductions les plus délicates, même quand il s'agit de demi-teintes.

On peut, toutefois, combiner les deux genres de morsure sur les verres doublés. On commence la Gravure aux vapeurs d'acide fluorhydrique pour terminer le dessin à l'acide liquide.

La Gravure à la pointe sèche est basée sur la solidité du vernis qui réserve le fond du dessin et qui le met à couvert et à l'abri de l'acide. La seule difficulté dans tous les travaux de ce genre est de composer un vernis de réserve assez fort et capable de résister pendant un temps donné, qui varie suivant la matière à graver, à l'acide simple ou composé.

La Gravure du verre offre d'autant plus de difficultés que le mordant est l'acide le plus violent de la série, et que le verre en est le corps le plus résistant.

Les formules de vernis que nous avons données offrent la plus grande certitude de succès, car le produit résultant est une réserve extrêmement solide. Elle protège tous les métaux traités en taille-douce, sans danger de soulèvement.

La couche, qui est de 15 à 20 pour 100 de bitume de Judée, est sans précédents. Elle serait impénétrable même aux rayons directs du soleil, qui n'arriverait pas à l'insolubiliser dans toute son épaisseur, quelle que fût la durée de l'exposition au châssis-presse.

L'emploi de cette couverture n'est possible que dans les conditions indiquées, c'est-à-dire en ne tenant aucun compte de la sensibilité du vernis, pour ne demander à la lumière que l'insolubilisation de la seconde couche qui s'effectue en quelques minutes, à l'ombre, que l'atmosphère soit claire ou chargée.

La Gravure, dans ces conditions, est extrêmement facile, si l'on opère avec des clichés convenables. La morsure en relief y trouve une grande simplification dans l'exécution.

En effet, en attaquant le zinc préparé par cette méthode, une seule morsure donne l'œil, c'est-à-dire un premier relief assez prononcé pour permettre un second encrage au rouleau à l'opérateur qui ne s'est jamais occupé de Gravure chimique.

Un dessin serré, quelle que soit la finesse du grisé mêlé à des traits plus fermes, peut être terminé en une seule morsure et tiré après à la presse typographique.

On comprend que cette méthode soit la seule applicable au verre, à cause de l'épaisseur inusitée de la couche de bitume qui constitue le dessin dans la Gravure en relief, et qui sert de fond si l'on grave en creux.

Dans la méthode courante, suivie par tous les graveurs chimistes, le bitume est dosé de 2 à 5 pour 100. Cette couche est suffisante, puisque le giloteur consolide à l'encre et à la résine cette couverture déjà trop faible pour résister à l'acide dilué.

Mais on remarquera en outre que la réserve à 5 pour 100 maximum n'a plus, après le développement, l'épaisseur de la couche d'origine. La térébenthine attaque plus ou moins le vernis qui n'est, en fin de compte, que relativement insoluble.

Cette méthode n'aurait donc aucune valeur dans la Gravure du verre et, de fait, elle n'a jamais abouti. Le verre, par suite, n'a pas encore été gravé par une méthode héliographique.

C'est ce qui nous a engagé à écrire ce Livre, qui sera le complément du *Traité pratique des émaux photographiques* et du *Traité pratique de Céramique photographique* (¹).

La dissolution de bitume, qui peut atteindre 25 pour 100, laisse une couche excessivement épaisse, et cette couverture ne subit aucune atteinte et n'est pas amincie par l'essence de térébenthine pendant le développement, puisqu'elle est protégée par une autre couche insoluble qui peut être formée de gomme, de gélatine ou d'albumine, matières sur lesquelles la térébenthine n'a pas de prise.

Cette seconde couche, aux premiers essais, surprend l'opérateur qui n'a pas l'habitude de cette manipulation et qui suppose que le développement ne doit pas être chose facile. Nous n'insistons pas et nous nous bornons à dire : « Essayez. »

(¹) Paris, Gauthier-Villars.

Il faut un peu d'exercice pour se rendre maître du procédé; mais on ne tarde pas à être convaincu que ce double développement s'exécute normalement.

Les verres doublés sont plus ou moins durs. Le verre blanc doublé de jaune n'offre pas une grande résistance à l'acide. Il peut être mordu sans danger pour la couche de bitume. On atteint le blanc sans soulèvement. La couleur rouge est un peu plus dure, mais la morsure se fait encore couramment.

Les verres bleus, clairs et foncés sont beaucoup plus durs.

Les doublures en vert, en violet, en rose, sont celles qui se prêtent le moins à la morsure.

Nous verrons dans le Chapitre qui suit les détours qu'il faut prendre pour mener à bien la Gravure de ces couleurs.

On a pu apprécier, par ce qui précède, l'importance du procédé héliographique qui fournit des moyens sûrs et rapides pour fixer sur le verre le dessin, sans l'aide de la pointe et sans avoir recours au travail mécanique dans les ateliers d'Hyalographie. Il nous reste à voir maintenant comment les graveurs sur verre opèrent pour arriver aux mêmes fins.

Deux méthodes ont cours :

1° *Le procédé à la pointe ;*

2° *Le procédé par la pluie de bitume.*

Le procédé à la pointe ne diffère pas à *la manière* de la Gravure à l'eau-forte. Le verre, couvert de vernis de réserve, remplace la planche de cuivre ou d'acier, et l'artiste, graveur sur verre ou sur métal, attaque dans les deux genres la réserve à la pointe, pour découvrir et mettre à nu les parties que l'acide doit ronger.

Le maniement de la pointe est plus difficile sur le verre que sur le métal. Sur le second subjectile l'acier pénètre non seulement dans l'épaisseur du vernis, mais il mord en même temps le métal, où il trouve un point d'appui qui donne une grande sûreté de main au graveur.

Sur le verre, au contraire, le burin, après avoir traversé la partie molle formée par la réserve, est repoussé par la résistance du verre. La main du graveur a moins d'aplomb, et ce n'est que par une attention soutenue qu'il évite le glissement de l'acier qui dévie et qui s'écarte en tous sens du tracé primitif.

Les traits incorrects peuvent cependant être recouverts une seconde fois au pinceau d'une couverture additionnelle de bitume.

On voit que ce genre de Gravure n'est pas à la portée de tous. L'artiste seul peut y prétendre. Il est vrai cependant qu'on peut reporter en blanc, sur la couche de bitume, un calque pris sur un dessin quelconque, mais dans ce cas même, une main exercée au dessin peut seule se permettre de fouiller le tracé. Nous parlerons plus loin d'une méthode beaucoup plus simple.

La seconde manière, qui traite le verre par la pluie de bitume, est beaucoup plus facile. Elle est à la portée de chacun. Mais le graveur est limité dans le choix des dessins.

Quoi qu'il en soit, voici la méthode suivie :

On réduit en poudre impalpable dans un mortier, 1^{kgr} ou 2^{kgr} de bitume de Judée, et 100^{gr} de mastic en larmes par kilogramme de bitume.

Ces produits se trouvent prêts pour l'emploi, dans les maisons qui font le commerce des produits chimiques. On place ensuite sur la feuille de verre le dessin à jour qui doit être gravé, et, à l'aide d'un tamis ou de la boîte à grainer, on laisse tomber sur le verre couvert par le dessin le bitume en poussière fine, qui est ensuite fixé par la chaleur.

On comprend, par ce premier exposé, que ce genre ne comporte que des dessins à jour ou des découpures.

Le étoffes légères et peu serrées se prêtent bien à ce travail. Tels sont les dentelles, les tulles, les gazes, les mousselines brodées, etc.

Les papiers à découpures qui ornent les boîtes chez les confiseurs, et qui se vendent dans les maisons spéciales, peuvent suffire à l'amateur. Ces modèles obtenus à l'emporte-pièce avec une grande précision de taille, sont variés, et se prêtent à toutes les combinaisons. On peut en rassembler les parties pour exécuter un ensemble, comme le font les imprimeurs-typographes avec les ornements en relief qu'ils trouvent chez les fondeurs de caractères.

Il n'est pas difficile du reste de créer de fort jolis dessins par découpure sans être dessinateur.

On replie cinq ou six fois sur elle-même une feuille de papier en suivant le même angle, comme pour former un filtre. Cette feuille est fouillée en tous sens au ciseau. On laisse des parties pleines. La feuille se transforme en un dessin à jour. Souvent le résultat amené par le hasard dépasse les prévisions, comme le dessin formé dans le kaléidoscope, qui est plus qu'un simple jouet.

Les dessinateurs pour manufactures y trouvent la plupart de leurs combinaisons pour les dessins sur étoffe.

Le verre reçoit la découpure après une préparation spéciale.

La feuille, polie au tripoli, est couverte d'une couche de térébenthine ordinaire, à laquelle on mêle quelques gouttes d'essence grasse ou de térébenthine de Venise.

On attend que la nappe qui a été versée à la manière du collodion, soit presque évaporée. La découpure ou l'étoffe à jour est alors appliquée sans pli sur le verre. On la fait adhérer en exerçant une légère pression.

On place le dessin fixé sur le verre au fond d'une

caisse, et le bitume est poudré, tamisé au-dessus, il tombe en pluie fine et couvre en peu de temps la partie à jour et la partie pleine.

Après avoir repris le verre, le papier découpé est délicatement enlevé. On le saisit par les deux angles opposés. Les parties pleines entraînent la couche de bitume, et la résine noire reste fixée sur la feuille, dans les découpures où elle est retenue par la viscosité de l'essence de térébenthine qui l'agglomère, sans lui permettre de quitter le trait.

Le dessin reste à nu sur le verre, et ce sont les parties non recouvertes de bitume qui seront attaquées par l'acide fluorhydrique.

Le bitume manquerait d'adhérence et n'opposerait pas une résistance assez grande à l'acide par une dessiccation spontanée. Les molécules de résine ne sont pour ainsi dire que juxtaposées. Il faut les lier intimement ensemble par la fusion. Les verres recouverts sont placés dans une étuve chauffée où le bitume, imbibé d'essence, fond à une température peu élevée.

Nous avons dit que quelques gouttes d'essence grasse étaient mêlées à la térébenthine qui sert à retenir la pluie de bitume. Il faut se garder d'exagérer la dose de ce produit, beaucoup plus dense que l'essence, et qui formerait à lui seul une réserve. Il s'opposerait à la morsure de l'acide, même sur les parties non recouvertes de bitume.

Les gouttes d'essence grasse sont à supprimer si

l'attaque du verre doit être faite aux vapeurs de l'acide fluorhydrique.

Il est très difficile de distribuer de manière égale la couche de bitume à l'aide du tamis. L'épaisseur de la réserve varie sur toute l'étendue de la surface préparée.

La distribution de bitume se fait mieux dans la boîte à grainer, dont il a déjà été question dans notre *Traité pratique de Gravure héliographique et de Galvanoplastie* [1]. Il n'est pas hors de propos d'en parler ici.

On construit une boîte en bois mince ou en carton, qu'on fixe sur un bâtis. Le carton peut être remplacé par des feuilles de zinc d'un dixième de millimètre d'épaisseur.

L'essentiel, c'est d'avoir en main un appareil commode et surtout léger.

On dispose une ouverture dans le bas, dans toute l'étendue horizontale de la caisse. Cette ouverture eut avoir $0^m,15$ de hauteur. Elle est close par une porte s'ouvrant sur charnière, et fermant hermétiquement. Il est bon de coller du papier sur tout l'appareil, pour ne laisser aucune issue au bitume qui s'échappe en poussière fine par la moindre fissure. Cette poussière incommode noircit l'opérateur et se répand dans toute la pièce, malgré la perfection de l'ajustage.

[1] Paris, Gauthier-Villars.

A l'aide de cet auxiliaire, il devient facile d'étendre le bitume en couche régulière, offrant partout la même résistance à l'acide.

On introduit le verre préparé par l'ouverture. Il doit porter sur quelques pointes effilées qu'on a fixées sur le fond.

Les dimensions de la boîte doivent être un peu plus grandes que celles des feuilles de verre qu'on veut couvrir. Il est essentiel que le bitume qui descend puisse trouver un vide entre les bords du verre et la paroi de l'appareil. On évite ainsi l'entassement de poussière, qui formerait épaisseur sur les arêtes du verre, et qui ne pourrait être enlevée sans troubler le dessin.

La boîte est retournée deux ou trois fois sur elle-même, pour soulever un nuage de poussière à l'intérieur par le déplacement brusque du bitume. On bat ensuite l'appareil avec les deux mains dans toute sa hauteur et sur toutes les faces, et on attend un quart de minute avant d'introduire le verre dans l'intérieur de la boîte. On le retire après quatre ou cinq minutes, et on le porte dans l'étuve après avoir enlevé la découpure avec les plus grands soins.

Nous avons dit qu'on pouvait reporter un dessin sur la couche de bitume, formée non plus par la pluie de résine, mais par le vernis liquide préparé à chaud.

L'Héliographie fournit plusieurs moyens pour obtenir le dessin sans le secours du crayon. En dehors des procédés, et avant que la Photographie n'eût apporté son aide au graveur, la couche de bitume était saupoudrée par l'opérateur, et recouverte au blaireau d'une couche blanche d'argent réduit.

C'est sur cette surface blanche que le dessinateur traçait d'abord son dessin, qu'il exécutait ensuite à la pointe.

Ce travail devient beaucoup plus simple et n'exige aucun talent spécial, si la Photographie intervient. Il suffit, pour développer le dessin, de frictionner la couche de bitume avec du bronze blanc en poudre très fine, si le verre a été préparé héliographiquement, en suivant la méthode indiquée dans notre *Traité pratique de Céramique photographique* [1].

La glace bitumée est couverte d'une couche de liqueur sensible :

Eau	100^{cc}
Glucose	5^{gr}
Sucre	2
Miel	1/2

On ajoute après dissolution 25^{cc} d'eau, saturée de bichromate d'ammoniaque.

La glace mixtionnée est séchée sur la flamme d'une lampe à alcool. On l'applique chaude sur le

[1] Paris, Gauthier-Villars.

négatif à reporter sur bitume. Après une insolation au châssis-presse, de dix à quinze minutes à l'ombre, par une bonne lumière d'une ou deux minutes au soleil, on passe sur le verre un tampon de coton chargé de bronze blanc. L'épreuve se développe avec autant de netteté que sur le papier sensibilisé au bain d'argent.

Le résultat est une épreuve positive en blanc, sur fond noir.

Cette manière d'opérer convient aux dessinateurs, mais l'amateur fera mieux d'adopter le procédé à double couche. Le dessin est produit sans travail et plus fidèlement qu'à la pointe. C'est le bain de térébenthine qui se charge de mettre le verre à nu, sur les parties que l'acide doit fouiller.

La méthode aux poudres peut être utile aux graveurs sur bois.

Le bois est recouvert au tampon de quelques gouttes de vernis au bitume, qu'on étale jusqu'à siccité.

Après cette imperméabilisation, la surface qu'on doit attaquer au burin est couverte de la couche de gomme et de glucose.

On insole sous un *négatif*, et le dessin se développe en noir sur fond blanc.

Nous recommandons spécialement aux graveurs de profession sur verre et sur métal, et même à l'amateur qui peut, ce qui n'est pas difficile, tracer avec quelque sûreté une ligne droite ou courbe, la méthode à la gomme et au glucose dont la formule précède. Toutes les difficultés du dessin disparaissent, et la pointe n'a plus qu'à suivre sur la couche de bitume, pour mettre le trait à jour sur le verre et sur le métal, le dessin qui s'y trouve reproduit avec une incroyable netteté. On peut affirmer qu'en dehors de la création du type et du goût de l'artiste, la Gravure industrielle en taille-douce sur métal et la Gravure sur verre se trouvent simplifiées à un tel point qu'on peut dire que tout le monde est aquafortiste. Les plus habiles seront ceux dont la main sera plus sûre et plus exercée.

Malheureusement, il arrive souvent que les gens de métier nous lisent sans tenir compte de nos affirmations. Ils croient qu'on écrit au hasard de la plume, et qu'on n'a d'autre but, en décrivant un procédé, que celui de noircir du papier.

Il serait plus raisonnable de tenter quelques essais, surtout dans les établissements industriels. On ne tarderait pas à se convaincre que nous avons raison de pousser l'industrie dans ces voies nouvelles, qui centuplent la production par suite du temps gagné par la simplicité de l'exécution.

Qu'y a-t-il de difficile, en effet, et quel temps faut-il pour verser une couche de bitume sur verre ou sur métal? La couche est prête en quelques minutes. Il reste alors à couvrir la surface bitumée avec la liqueur sensible qui sèche à son tour plus rapidement encore.

On expose au châssis pendant deux minutes au soleil et l'épreuve, grande ou petite, est immédiament développée en passant sur la couche un tampon de coton chargé de bronze blanc ou de poudre d'argent.

Que le dessin soit simple, qu'il soit compliqué, la difficulté n'en est pas plus grande. On obtient en un quart d'heure un résultat parfait qui exigerait huit jours de travail et qui n'aurait pas la même précision.

Il nous semble rationnel qu'il soit tenu compte de ces méthodes, qui sont des leviers sans précédent.

Nous disions précédemment que tout le monde était aquafortiste. C'est exact dans toute la force de l'affirmation.

Le travail de gravure se réduit en somme à suivre avec une pointe le trait en blanc ou en noir sur le bitume en faisant pénétrer l'acier jusqu'à la surface du verre ou du cuivre.

Le travail sera complet et précis quand le tracé aura disparu sous le burin, si l'on se sert d'un cliché positif (qui peut être le dessin lui-même s'il est fait sur papier dioptrique), ou quand le trait en noir sera fouillé sur toute l'étendue du dessin. Avec un négatif, le tracé se révèle en noir sur fond blanc.

Avec la méthode de poudrage, le meilleur vernis à couvrir ne doit être composé que de cire et de bitume. La formule suivante donne une couche résistante que la pointe tranche sans bavure et sans éclats.

Essence de térébenthine.	100^cc
Benzine	100
Bitume de Judée.	10
Cire jaune.	5

Les produits sont dissous au bain-marie comme il a été dit.

L'amateur qui regarde moins à l'économie, peut préparer une excellente réserve à froid en substituant le chloroforme au mélange d'essence de térébenthine et de benzine.

Le vernis devient alors extrêmement siccatif et l'on a comme couche une surface lisse et brillante.

Formule.

Chloroforme.	100^cc
Bitume de Judée	8^gr
Cire jaune.	2

Un vernis à 10 pour 100 de bitume et de cire est assez fort pour résister aux vapeurs d'acide fluorhydrique, mais, avec l'acide liquide, il est plus prudent de s'en tenir aux premières formules que nous avons données, surtout quand on suit le procédé de la couche double dans lequel le verre est mis à nu par le bain d'essence.

CHAPITRE VII.

Gravure du verre.

Il faut étudier son dessin avant de commencer la morsure et examiner si le sujet comporte du trait et de la teinte.

Si l'on n'a que du trait à creuser, la morsure se fait à l'acide liquide. Il n'y a pas à sortir de ce principe dans la Gravure du verre doublé, c'est-à-dire à deux couleurs superposées.

Les effets de vigueur sont obtenus en perçant la première couche pour atteindre le verre blanc. Le sujet se détache alors en rouge, en bleu, en vert ou en jaune sur fond blanc ou inversement en blanc sur un fond de couleur, si l'on utilise le procédé héliographique, suivant qu'on emploie un cliché positif ou négatif.

Le graveur sur verre peut arriver à des oppositions de teintes qui ne sont pas à la portée de l'aquafortiste.

Indépendamment du rouge et du blanc, il développe sur le verre une série de tons qui ont pour point de départ, si le verre est rouge et blanc, la couleur intense de la doublure, mais qui par morsures successives finissent au ton rose pâle qui s'éteint dans le blanc.

Le côté incolore du verre doublé peut à son tour se prêter à un autre ordre de teintes incolores plus ou moins translucides, tamisant inégalement la lumière qui contribue aux effets de transparence que l'intelligence du graveur met en rapport avec le travail déjà fait sur la couche colorée.

Un artiste habile peut, par l'emploi simultané des anciennes méthodes et des procédés photographiques, fournir aux arts et à l'industrie des types d'ornementation très variés et inédits.

Les émaux par transparence, aux miroitements chatoyants (et le verre doublé n'en diffère pas), captivent et séduisent l'œil. Ils reproduisent avec plus d'éclat les émaux byzantins qui, vus par réflexion, accusent un coloris plus terne.

Il n'y a, du reste, qu'à jeter un coup d'œil sur les rares verrières anciennes qui nous restent à Notre-Dame de Paris, à Saint-Denis et à Notre-Dame du Mont, à Sainte-Gudule, à Bruxelles, et dans la cathédrale de Westminster, à Londres, pour apprécier les effets surprenants de la lumière qui passe au travers de ces émaux colorés.

Ce que nous disons des verrières du XVIe et du

XVIIe siècle est encore plus vrai, non pas comme ensemble, mais comme détail, dans les vitraux modernes.

Il est juste d'apprécier les chefs-d'œuvre des anciens peintres. Ils ont créé, avec des moyens limités, des ensembles inimitables. Mais en dépit de l'obstination et de la prud'hommie d'un petit nombre, il faut avouer avec franchise que les artistes modernes ont sur leurs aînés, outre la correction du dessin, la supériorité d'une palette plus étendue et plus riche.

Le vitrail ne peut plus être traité comme il le fut il y a quelques siècles.

De nos jours, l'air et la lumière circulent largement dans nos squares, dans nos rues et dans nos habitations. Le sentiment religieux cherche la demi-lumière; mais, habitués à vivre au grand jour, nous préférons y voir clair, à l'église et au théâtre. Les diamants scintillent mieux, frappés par le rayon électrique, qu'à la lueur des chandelles qui éclairaient la scène au temps de Molière.

Quoique admirateurs du passé, il faut être de son temps, et il n'est pas déraisonnable d'affirmer que le fusil Gras vaut, comme arme de guerre, mieux que le silex de l'âge de pierre et que la framée des Ripuaires de Clovis.

Aussi les peintres modernes ne doivent-ils pas chercher à copier servilement les anciens vitraux même pour orner les églises de style gothique. Du reste, il n'y réussiraient pas, non pas que la palette du moyen âge soit perdue, mais parce que le chimiste d'aujourd'hui prépare des couleurs plus brillantes, plus franches et plus variées que celles du temps passé. Les artistes du moyen âge se seraient, du reste, empressés de les employer s'ils les avaient connues.

Le verre blanc qu'on attaque après coup, sur le verso de la feuille de verre, donne lieu à une série de combinaisons qui, s'éloignant du mât, finissent à la transparence complète.

Ces effets de contraste entre le poli et le mat, peuvent aussi porter sur le côté coloré du verre après une morsure plus ou moins profonde qui laisse à la couleur plus ou moins de force. On peut, comme on le voit, amener en fouillant inégalement un verre à deux couleurs des effets de transparence multiples et des jeux de lumière inattendus.

Le dépoli ne se produit que par l'attaque du verre aux vapeurs d'acide.

Nous ne pouvons donner que des indications générales qui serviront de jalons pour guider le graveur. C'est à lui qu'il appartient de combiner par la morsure, les effets qu'il entrevoit et de les réaliser sur le verre.

Gravure aux vapeurs d'acide fluorhydrique.

Nous avons décrit le genre d'appareil qui convient à ce mode de gravure et nous avons dit que, sauf quelques cas, la Gravure aux vapeurs n'était applicable qu'au verre blanc.

Une simple attaque dépolit le verre, et il n'est pas nécessaire, pour fixer un dessin bien apparent, de creuser profondément la glace.

Si l'on emploie la cuvette en plomb, l'acide et le fluorure de chaux sont mélangés ou mieux amalgamés et pétris avec une spatule en porcelaine ou en métal, et la cuvette est placée sur le réchaud qui ne peut être porté qu'à une température peu élevée, à cause de la grande fusibilité du récipient, qu'il est prudent de placer sur un bain de sable. Le plomb ne reçoit ainsi la chaleur qu'indirectement.

La Gravure se fait mieux si l'on peut disposer d'une cuvette beaucoup plus grande que les feuilles de verre qui portent les dessins héliographiques.

On ajuste un couvercle en bois sur la cuvette et une série d'intermédiaires, pareils à ceux de la chambre noire, est enchâssée dans le couvercle. On a alors des ouvertures diverses, correspondant aux dimensions des verres employés en Photographie. Il est bon d'éviter la déperdition du gaz par le haut.

A défaut de plomb, on se sert d'une cuvette en porcelaine dont l'intérieur est protégé par un enduit en glu marine ou par une couche épaisse de vernis au bitume. La même cuvette sans protection ne serait pas un obstacle à la Gravure.

L'émail de la porcelaine serait rongé par l'acide, mais les vapeurs se dégageraient quand même en quantité suffisante pour dépolir le verre.

Nous répétons ici que le mat du verre dépoli peut être plus ou moins accentué ; suivant la profondeur de l'attaque. Les effets divers de transparence peuvent être multipliés par la pluie de résine sur certaines parties, en réservant les parties voisines. La résine est fixée à la chaleur sans arriver au point de fusion, et le verre est remis dans l'intermédiaire pour y recevoir plus d'opacité dans les points découverts.

Quand le travail de Gravure est achevé, les verres sont plongés dans un bain de benzine qui dissout le bitume, puis lavés à l'eau fraîche.

Taille et gravure mécanique du verre.

Le cristal est taillé sur des roues montées sur un tour. On ébauche d'abord avec une meule en acier qui donne la forme à la pièce. Les facettes sont ensuite polies sur une meule de grès doux qui fait disparaître les rayures de l'acier. On termine la pièce sur une meule de bois tendre chargée de ponce en poudre et d'émeri. Enfin, et en dernière opération, les facettes reçoivent le poli sur une meule en liège saupoudrée de potée d'étain.

Pendant toutes ces opérations, le verre est constamment mouillé. Un réservoir disposé au-dessus du tour laisse tomber l'eau goutte à goutte sur la pièce.

La Gravure mécanique du verre se fait à peu près de la même manière. Elle a beaucoup d'analogie avec la taille. Les meules d'acier ont une tranche beaucoup plus étroite, et l'intérieur du trait gravé reste mat.

Gravure au sable.

Cette méthode de Gravure donne de merveilleux résultats, mais elle n'est pas à la portée de l'amateur.

Une soufflerie actionnée par une machine à vapeur projette avec force un jet de sable continu sur la feuille de verre. Le sable s'émousse sur la réserve et ne creuse que le verre. On produit toutes les nuances du dépoli, suivant que les grains de sable sont plus ou moins gros et que le verre reste plus ou moins longtemps exposé au courant d'air de la soufflerie.

Nous engageons les graveurs sur verre à user du procédé héliographique que nous avons décrit dans ses détails au cours de ce livre. Ils y trouveront une grande économie de temps, et ils pourront reproduire non seulement les gravures connues, mais les dessins qu'ils n'auraient pas osé aborder sans l'aide de l'Héliogravure.

Les médaillons délicats, traités comme nous l'avons dit, seront la reproduction exacte du travail de l'artiste, et ils n'auront pas à craindre le soulèvement de la couche de bitume qui est un grand écueil dans la Gravure à l'acide fluorhydrique.

Retouche.

Avant d'attaquer le verre à l'acide, on s'occupe des retouches si le dessin est un résultat héliographique. Le dessin est cependant presque toujours correct. Dans le cas contraire, on ne doit pas hésiter à recommencer l'opération, vu le peu de temps nécessaire qu'il faut pour avoir une autre épreuve complète.

Les retouches, la plupart du temps, portent sur le fond où la couche de bitume se trouve piquée jusqu'au verre par l'interposition de grains de poussière.

On prend, pour couvrir les défauts, le vernis préparé au chloroforme qui sèche en quelques secondes, et l'on protège ensuite les parties où le verre est à découvert, en dehors du dessin. Les marges sont dans ce cas.

On a soin encore d'ouvrir à la pointe, si besoin en est, les quelques traits qui sont restés voilés et que la térébenthine n'a pas dénudés complètement.

La Gravure du verre se fait presque toujours en creux et l'on peut juger, même par réflexion, en examinant la couleur du fond qui tranche sur le ton brun du bitume, si telle ou telle ligne réclame l'emploi de la pointe.

Il convient de couvrir de vernis le verso de la feuille de verre pour économiser l'acide fluorhydrique. Mais pour graver des dessins délicats sur verre doublé, et surtout les épreuves obtenues héliographiquement, la couverture au verso gêne l'opérateur.

On cherche, principalement sur les verres à double couche, des effets de transparence qui sont produits par le degré de profondeur de la morsure qui amincit plus ou moins la doublure colorée, et malheureusement le bitume mis au verso, au pinceau ou en nappe, ne permet pas, par défaut de transparence, de juger exactement du progrès de l'acide.

On peut, du reste, laisser le revers sans bitume. Après la morsure, le verre est tout aussi transparent qu'avant, puisque nous savons que l'acide liquide attaque le verre sans le dépolir. Les effets de dépoli qu'on demandera au verso se produiront malgré cette première morsure.

Il est inutile, dans tous les cas, de protéger le verso quand la morsure se fait aux vapeurs, puisque le côté qui porte l'Héliographie est seul mis en rapport avec l'acide gazeux.

Nous dirons en passant que le liquide de formule inconnue qui est vendu pour détacher la couche de gélatinobromure à un prix relativement excessif, n'est pas autre chose que de l'eau distillée acidulée par l'acide fluorhydrique. On suppose qu'il existe tout autre produit en solution dans cette liqueur qui est renfermée dans des flacons en verre qui restent transparents. Nous savons maintenant pourquoi le verre ne se dépolit pas au contact de ce liquide. L'acide cependant y perd ses propriétés corrosives de jour en jour. Le fluorure de chaux qui se dépose au fond en est la preuve. Au début, l'acide fluorhydrique était mis en réserve dans des récipients en verre. Il se conserve mieux et il garde toute sa force dans le plomb et dans la gutta-percha.

L'acide fluorhydrique est d'une préparation facile, mais il vaut mieux le demander chez les marchands de produits chimiques. On n'aura donc recours au travail du laboratoire que pour produire l'acide gazeux.

Quand les retouches sont terminées, le verre est mordu dans une cuvette en gutta-percha. On peut encore entourer la feuille d'un bourrelet en cire à modeler pour retenir l'acide dilué qui sera versé sur le verre. Mais la morsure à la cuvette est préférable. Avec la bordure en cire, on est forcé d'attaquer le verre, le recto faisant face à l'opérateur. Or, il se produit pendant la gravure du fluorure de chaux en abondance, qui reste dans les tailles et ralentit les progrès de la morsure.

Dans la cuvette en gutta-percha, le fluorure de chaux tombe au fond par son propre poids et la taille reste vide. Il est bien entendu que nous supposons dans ce cas que la feuille de verre a été immergée dans la cuvette, le dessin en dessous.

Il importe que l'acide puisse courir librement sur toute la surface préparée, et ce résultat ne serait pas atteint si le verre était placé dans l'appareil sans prendre quelques dispositions particulières.

Voici ce qu'il reste à faire. On coupe, dans une feuille de gutta-percha de $0^m,005$ ou $0^m,006$ d'épaisseur, un carré de $0^m,01$ qui est ensuite divisé en quatre. On chauffe les fragments de gutta en les approchant de la flamme d'une lampe à alcool piqués sur une pointe, et, sans les déformer, on les fixe par pression aux quatre angles du verre qui a été au préalable légèrement chauffé. C'est le côté du dessin qui reçoit les coussinets en gutta. La surface à mordre se trouve ainsi distante de quelques millimètres du fond de la cuvette, et le liquide qu'on agite continuellement en imprimant au récipient un mouvement régulier est en contact, sans bulles d'air possible, avec la surface du verre.

Il est inutile d'opérer avec une nappe épaisse de liquide, il suffit que l'acide atteigne la moitié de l'épaisseur de la glace.

Il est utile, dans la morsure des verres de couleurs, de mélanger quelques gouttes, un dixième environ, d'un second acide, suivant la nature du verre.

Outre la silice et les sels de plomb, de potasse et de soude, de chaux et d'alumine, il entre dans la composition des verres colorés un oxyde métallique qui en est la base colorante.

Nous avons dit que cet oxyde était :

Le tritoxyde de cuivre pour le verre rouge;

Le pourpre de Cassius pour le rose et le pourpre;

L'oxyde de chrome pour le vert;

L'oxyde de manganèse pour le violet;

L'oxyde de cobalt pour le bleu.

Il sera donc utile de mêler à l'acide fluorhydrique la quantité indiquée d'acide chlorhydrique pour mordre le verre jaune et d'acide azotique pour attaquer les verres colorés en vert, en violet et en rouge. Ces acides dissolvent les oxydes colorants à mesure que l'acide fluorhydrique réduit le verre en fluorure de chaux.

Le verre opale se laisse difficilement pénétrer par l'acide fluorhydrique, à cause du phosphate de chaux provenant des os calcinés qui fait partie de sa composition. La morsure se fera mieux, si l'on ajoute quelques gouttes d'acide phosphorique à l'acide fluorhydrique.

L'acide fluorhydrique doit être coupé d'un tiers d'eau, et la morsure est terminée après quarante minutes.

La force de l'acide doit du reste être réglée sur la résistance plus ou moins grande du vernis. Il est toujours prudent d'employer un liquide assez dilué dans la morsure des dessins héliographiques. Il faut plus de temps, il est vrai, pour percer la première couche, mais on est plus sûr d'éviter les soulèvements de la réserve.

On retire à plusieurs reprises le verre de la cuvette pour se rendre compte du travail fait.

On évite le contact des doigts avec l'acide en soudant à chaud un appendice en bois sur le revers de la feuille avec un peu de gutta-percha qui fixe le bois sur le verre.

On lave et on sèche au feu pour consolider le bitume qui a une tendance à se soulever, et on renforce au besoin les points dont la résistance à l'acide paraît insuffisante.

On ne rencontrerait aucune difficulté dans la gravure des verres de couleurs si la doublure avait partout la même épaisseur. Nous ne parlons ici que de la Gravure sur Héliographie, mais la fabrication de ces verres ne permet pas l'égalité de la couche. La dureté de la section colorée est d'autre part plus ou moins grande, suivant les fabricants. Il importe donc, pour le travail héliographique, de chercher en dehors des verres jaunes et rouges qui se laissent facilement entamer, les doublures les plus tendres. C'est d'après essai et non par inspection qu'on peut déterminer le verre qui se prête le mieux à la morsure.

On comprend qu'une seule morsure sur une couche égale en épaisseur ne donnera qu'une seule teinte qui sera, si nous supposons le verre double en jaune, la couleur blanche de la deuxième couche.

Mais avant d'arriver au blanc, nous passerons par toutes les teintes : jaune foncé, jaune serin, jaune paille, etc.

Si nous avons à graver un dessin comportant des lettres ou des ornements à larges traits, la morsure sera poussée jusqu'à la section blanche de la feuille de verre, mais le mordant attaquant régulièrement ou à peu près toute la surface à graver, il conviendra de retirer le dessin de la cuvette, de le sécher après l'avoir lavé et de couvrir au pinceau, avec le vernis bitume, les ornements plus délicats qui doivent conserver par transparence une teinte jaune plus ou moins accentuée. L'acide n'agira plus sur ces parties, tout en continuant à creuser le verre dans les grands traits qui doivent être blancs.

Après quelques minutes de morsure, la même opération sera faite sur les autres parties où la teinte jaune doit rester.

Par l'application successive des couches de bitume, le dessin passera par toutes les nuances de jaune, tandis que les grands traits qui seront mordus à fond se détacheront en blanc sur le tout.

Nous avons dit que la Gravure du verre doublé serait d'une exécution très facile si la couche colorée était égale ou encore si la partie colorée n'était que superficielle.

Il y a moyen d'obtenir ce désidératum, et les fabricants de vitraux qui ont des moufles pour cuire le verre, n'auront aucune peine à préparer des surfaces minces et égales.

Il suffit d'appliquer au putois la couche colorée et de la fixer au feu.

On peut, dès lors, sur ces verres, réaliser toutes les finesses des dessins héliographiques non seulement au trait mais en demi-teintes. On dira sans doute qu'il est alors plus rationnel d'exécuter le dessin aux poudres, soit par la méthode que nous avons décrite dans le *Traité des Émaux photographiques* (1), soit par le procédé zincographique et

(1) Paris, Gauthier-Villars.

lithographique dont il est question dans notre *Traité pratique de Photogravure sur zinc et sur cuivre* (1). Nous avouons que ces méthodes donnent des résultats semblables, mais les effets de transparence ne sont pas identiques à ceux qu'on obtient par la Gravure. Le genre n'est plus le même. On comprend, en effet, qu'un dessin d'artiste, tout en restant exact, gravé par un système quelconque, varie d'aspect suivant la méthode suivie pour le reproduire.

Les teintes, dans les verres de couleurs à couche mince, peuvent être traitées comme la planche d'acier et de cuivre. On obtient le pointillé par la résine, et ce pointillé se traduit, par transparence, en teintes variant par l'intensité ou par l'affaiblissement de la couleur.

La Gravure du verre blanc est beaucoup plus facile. Le soulèvement de la couche de bitume n'est pas en jeu.

On peut, en effet, arrêter la morsure de l'acide quand on le veut, et surtout dès qu'on s'aperçoit que la réserve perd de sa résistance. La Gravure sera dans ce cas plus ou moins profonde, mais l'effet sera à peu près le même.

Ce que nous disons serait moins exact, si l'on prétendait transformer les glaces épaisses en planches en creux ou en relief, pour servir à l'im-

(1) Paris, Gauthier-Villars.

pression. Il faudra alors viser à une morsure profonde, même sur verre blanc.

Ces essais ont été tentés avec des résultats plus ou moins heureux, qui prouvent que l'application de la Gravure du verre à l'imprimerie est possible.

On y renonce aujourd'hui et avec raison. L'Héliographie a apporté des méthodes plus commodes et plus industrielles, comme on a pu le voir dans la série des procédés que nous avons décrits dans plusieurs de nos Traités.

Il existe une autre manière de graver chimiquement le verre et qui consiste à produire l'acide fluorhydrique sur la feuille elle-même sans accessoires de chimie.

La surface portant la couche de bitume est badigeonnée au pinceau d'acide sulfurique. Après l'avoir posée à plat et de niveau sur un support, on y tamise du fluorure de chaux réduit en poudre fine.

L'acide sulfurique s'empare de la chaux et le gaz fluorhydrique se porte sur le verre qu'il attaque.

Cette méthode n'est bonne que comme démonstration. Elle peut être employée tout au plus, sur verre blanc, pour graver des dessins lourds et sans finesse ouverts à la pointe dans une couche très épaisse d'un vernis composé de bitume et de cire.

La chaleur qui se développe par suite de la combinaison chimique des produits mis en présence, ramollit le vernis qui ne tarde pas à être emporté par l'acide fluorhydrique qui se forme.

Il faut éviter d'employer cette méthode en traitant les épreuves héliographiques. On n'aurait pour résultat que des gravures incomplètes et incorrectes.

On ne négligera pas, quelle que soit la méthode suivie dans la morsure, de disposer à sa portée une cuvette pleine d'eau fraîche, et une seconde bassine pleine d'eau alcalinisée par de l'ammoniaque à 10 pour 100, ou par de l'acétate d'ammoniaque.

Il suffit de douter que l'acide ait été en contact avec les doigts pour ne pas hésiter à plonger la main dans l'eau ammoniacale et à la porter ensuite dans l'eau fraîche.

L'acide sulfurique et l'acide azotique ne sont pas dangereux au cours des manipulations, en ce sens que le contact imprévu de ces agents chimiques sur la peau y développe une sensation douloureuse, immédiate, qui prévient le manipulateur.

L'acide fluorhydrique est plus traître, la brûlure existe quand la douleur est perçue.

Il faut alors, et sans retard, plonger la main dans l'alcali dilué. On perce la cloque, s'il y a soulèvement de l'épiderme, pour y introduire une goutte d'acétate d'ammoniaque qui répare immédiatement les désordres de l'acide.

Il n'y a cependant aucun danger sérieux à manipuler l'acide fluorhydrique, si l'on tient compte de ce qui vient d'être dit.

SECONDE PARTIE.

CHAPITRE I.

De la composition du verre.

Le verre, fusible à une température élevée, est une substance dure et cassante remarquable par sa transparence.

Elle est formée par une combinaison de silicate ou de borate de potasse et de soude avec d'autres silicates qui sont :

Le silicate de chaux.
Le silicate d'alumine.
Le silicate de baryte.
Le silicate de zinc.
Le silicate de fer.

Le cristal est un verre plus lourd, formé de silicate de potasse et de silicate de plomb.

Le verre est plus fusible, si les borates entrent dans sa composition. La silice se combine avec l'acide borique et forme des borosilicates qui sont le véhicule des couleurs employées dans la décoration de la porcelaine et du verre.

Quel que soit l'usage du verre, la composition intime de la substance vitreuse varie peu.

Le cristal, c'est-à-dire le verre à base de plomb, strass et flint, intéresse plus spécialement le lecteur, par suite des rapports chimiques qui existent entre les pierres fines colorées artificiellement et les pierres fines précieuses naturelles et par l'application du flint au perfectionnement des instruments d'optique.

La chimie moderne arrive, par l'incorporation des oxydes métalliques aux silicates et aux borates, à reproduire non seulement la couleur, mais la dureté, l'éclat et la pesanteur spécifique des pierres fines.

Les verres sont classés dans l'ordre suivant :

Verre soluble.
Verre à bouteille.
Verre à vitres.
Glace Saint-Gobain.
Verre de Bohème.
Crown-glass.
Cristal.
Flint-glass.
Strass.
Émail.

La composition intime de chaque verre est pour :
Verre soluble : silicate de potasse ou de soude;

Verre à bouteille : silicate de soude, de chaux, d'alumine et de fer;

Verre à vitre et glace : silicate de soude et de chaux;

Verre de Bohême : silicate de chaux, d'alumine et de fer;

Crown-glass : silicate de potasse et de chaux;

Cristal : silicate de potasse et de plomb;

Flint-glass : silicate de potasse, plus riche en plomb que le cristal;

Strass : même composition que le flint; les matières employées sont plus pures.

Les verres à base de plomb sont remarquables par leur fusibilité. Ils réfractent la lumière avec plus de force que les autres verres. Ils ont une densité supérieure à celle du verre ordinaire.

Le crown et le flint sont les seuls verres employés dans l'optique. C'est par la combinaison de deux lentilles, l'une en crown et l'autre en flint qu'on est parvenu à éviter la coloration des objets.

On obtient l'achromatisme ou l'absence des couleurs prismatiques en employant deux verres grossissant au lieu d'un.

Ces verres sont juxtaposés, et l'espace qui les sépare est rempli par un autre verre qui prend la forme exacte du vide qui se trouve entre les deux lentilles

Les deux verres grossissants sont en flint et le

verre complémentaire, dit achromatique, est en crown.

Ces deux sortes de verre ont la propriété de décomposer la lumière à des degrés différents. L'un ramène à la normale le rayon dévié par l'autre, la densité n'étant pas la même.

DENSITÉ DES VERRES.

Crown-glass	2,487
Flint-glass	3,600
Verre à bouteille	2,732
Verre à vitres	2,642
Glace	2,488
Cristal	3,255

DOSAGE CORRESPONDANT A CHAQUE ESPÈCE DE VERRE.

Verre à bouteille.

Sable	60 parties
Potasse ou soude	3
Rognures	60
Sulfate de soude	44
Charbon en poudre	8
Chaux éteinte	22
Alumine	8
Oxyde de fer	4

Verre à vitre.

Sable	100 parties
Rognures de verre	50
Sulfate de soude	44
Charbon en poudre	8
Chaux éteinte	6

Glace.

Sable blanc	30 parties
Chaux éteinte	4
Carbonate de soude sec.	10
Rognures de glaces (calciné). . .	30

Verre de Bohême.

Sable.	72 parties
Potasse.	14
Chaux	8
Alumine	1
Oxyde de fer.	2

Crown-glass.

Silice.	60 parties
Carbonate de soude.	25
Carbonate de chaux.	14
Arsenic	1

Flint-glass.

Sable pur	43.50
Oxyde de plomb	43.50
Carbonate de potasse	10
Azotate de potasse	2

Strass incolore.

Sable et mieux cristal de roche.	30 parties
Minium	47
Potasse à l'alcool.	16
Borax	22
Acide arsénieux	1

Émail blanc opaque.

Silice.	30 parties
Potasse	20
Oxyde de plomb.	40
Oxyde d'étain	10

On emploie l'oxyde d'aluminium (alumine), dans la composition des verres qui servent à tailler les pierres fines.

La baryte mise en place de la chaux, rend les verres plus durs. Ils acquièrent alors une densité presque égale à celle des pierres naturelles. Les imitations en ont l'éclat et le poli à tel point, qu'il est assez difficile de distinguer la pierre fine de la pierre fausse, si l'on n'est pas lapidaire.

Si nous avons donné la formule de chaque espèce de verre, c'est pour arriver à l'étude des éléments qui entrent dans les masses vitrifiées.

Cette partie fera suite à notre *Traité pratique des Émaux photographiques* (1) et complètera notre *Traité pratique de Céramique photographique* (2). Il reste dans ces livres des lacunes à combler. Nous y avons parlé superficiellement des oxydes et des sels, sans entrer dans les détails de préparation. Nous nous réservions de revenir plus tard sur ces matières.

Nous nous renfermons autant que possible dans notre sujet, mais nous croyons utile, quand l'occasion se présente, d'ajouter des compléments prévus, pour faire un tout lié de nos monographies, qui, prises isolément, ne traitent que les parties essentielles ayant un rapport direct avec le titre du livre.

(1) Paris, Gauthier-Villars.
(2) Paris, Gauthier-Villars

On voit par ces formules, que le verre, quel qu'il soit, est toujours une combinaison de borates ou de silicates unie à des oxydes métalliques ou terreux, si besoin en est, pour développer la couleur dans le verre transparent ou opaque.

Nous allons passer brièvement en revue les éléments qui offrent le plus d'intérêt et qu'il est utile de connaître et qui sont :

L'oxyde de silicium (silice).
L'oxyde d'aluminium (alumine).
L'oxyde de magnésium (magnésie).
L'oxyde de calcium.
L'oxyde de sodium.
Le bore.

Oxyde de silicium. — Le silicium a été obtenu la première fois à l'état métallique par Berzélius.

La silice que nous considérons comme oxyde, mais qui joue le rôle d'acide, forme à l'état pur le cristal de roche.

Le quartz, le silex, le grès, l'agate sont formés de silice impure.

La silice se trouve isolée et en combinaison dans le granit unie au mica et au feldspath, qui est lui-même formé d'acide silicique d'alumine, de potasse, de soude et quelquefois de chaux.

La silice anhydre cristallisée, colorée par les oxydes métalliques, forme les gemmes ou les pierres précieuses, à l'exception du diamant, du saphir et du spinelle.

Le cristal de roche incolore porte le nom de quartz hyalin. On le trouve dans tous les terrains à l'état de géode.

Coloré en jaune, il prend le nom de fausse topaze.

En rose, de rubis de Bohême.

En violet, par l'oxyde de manganèse, d'améthyste.

Il est connu sous le nom d'aventurine, si les cristaux sont pénétrés de mica de couleur jaune dorée.

L'opale est de la silice hydratée.

Les agates sont aussi formées par le quartz anhydre. La plus commune est l'agate rubanée. Si les bandes sont superposées en couches diversement colorées, l'agate se nomme onyx. Cette pierre fine a les reflets de l'ongle. Elle est employée par les graveurs sur gemme, qui taillent au tour la figurine dans la couche blanche qui se détache sur un fond noir ou brun.

La calcédoine est une variété d'agate bleuâtre et gris perle, et la cornaline une agate de couleur rouge.

Le jaspe est la silice opaque colorée en rouge, en bleu ou en vert.

C'est avec le quartz terreux que le tripoli est préparé. Le grès est formé de sable quartzeux agglutiné.

Les autres pierres précieuses sont à base d'alumine.

Émeraude : silicate d'alumine et de glucine;

Zircon : silice et zircone;

Grenat : silicate d'alumine et de fer;

Lapis-lazuli : silice, alumine, soude;

Rubis : alumine, magnésie, acide chromique;

Saphir : alumine, chaux, oxyde de fer;

Topaze : alumine, silice, acide fluorhydrique;

Diamant : carbone pur.

En analysant les pierres précieuses naturelles, la Chimie a pu déterminer, non seulement la nature du flux de la partie incolore, mais encore les oxydes métalliques auxquels les gemmes doivent leur coloration.

Elle s'est donc mise à l'œuvre pour imiter les gemmes.

C'est le strass qui sert de point de départ pour toutes ces imitations. La composition du strass a été trouvée vers le commencement de ce siècle par un chimiste allemand nommé Strausz.

Voici la formule de ce cristal, qui a le poids spécifique du diamant sans en avoir cependant tout l'éclat.

Ce verre, quoique très dur, est toutefois rayé par le vrai diamant. On sait que les feux du diamant sont produits par les reflets des facettes, dont l'angle taillé présente une arête plus fine que le tranchant d'un rasoir.

Les arêtes du strass taillé, la pierre étant moins dure, sont loin d'atteindre cette perfection, et les reflets d'angle ne peuvent pas lutter avec ceux du diamant. On a perfectionné même l'imitation en superposant sur le strass des tables taillées dans des pierres fines incolores et formant les facettes du dessus.

Cette seconde pierre protège le strass et le met à l'abri des rayures.

On a encore cherché à doubler l'éclat du strass par un dépôt d'argent métallique fait sur la partie inférieure du cristal taillé en forme de diamant.

Il est bien difficile alors de distinguer le vrai du faux. Mais personne ne peut être trompé sur la valeur de la pierre. Le culot métallique révèle le subterfuge. Nous avons indiqué, dans le *Traité pratique de Céramique photographique* (1), les bains de dépôts métalliques employés par les similiseurs, mot nouveau dérivant de simili-diamant donné à ce genre d'imitation.

Voici la formule du cristal ou strass imitant le diamant par les reflets mêmes de la masse :

Sable blanc lavé à l'acide chlorhydrique	50 parties
Minium pur	75
Potasse blanche calcinée	15
Borax calciné	5

Les chimistes modernes ont été du reste mis sur

(1) Paris. Gauthier-Villars.

la voie en fait d'imitation des pierres précieuses par les verriers anciens. L'art de fabriquer le verre et même le verre coloré remonte à la plus haute antiquité, comme on pourra le voir au commencement de ce livre. Les Phéniciens, les Égyptiens, les Grecs et les Romains avaient des verreries parfaitement établies et des ouvriers fort habiles.

Tout bachelier a lu dans l'histoire romaine que Gallien fit jeter aux bêtes féroces, dans le cirque, un lapidaire qui avait vendu des pierres fausses à l'impératrice et qu'il fit lâcher un chapon en disant :

« Il a trompé, et on le trompe. »

On peut voir dans les vitrines du Musée Campana des fioles en verre fond bleu émaillées d'incrustations en jaune, et des coupes égyptiennes qui remontent au temps des Pharaons.

Le strass blanc, dont la formule précède, peut être coloré avec les mêmes oxydes qui ont transformé la silice et l'alumine en pierres précieuses.

Voici la formule et le dosage des strass colorés que chacun peut modifier dans ces recherches et qui se rapprochent plus ou moins du type précédent :

Grenat.

Strass blanc	20gr
Pourpre de Cassius.	1cc

Rubis.

Strass incolore 20gr
Pourpre de Cassius. 2cc

Topaze.

Céruse 30gr
Silice en poudre 15

Émeraude.

Strass. 35gr
Oxyde de cuivre 2dgr

On peut remplacer l'oxyde de cuivre par le jaune d'antimoine mélangé au bleu de cobalt. L'oxyde vert de chrome conduit au même résultat :

Saphir.

Oxyde de cobalt. 3gr
Strass. 100

Améthyste.

Strass incolore. 250gr
Pourpre de Cassius 5mgr
Oxyde de manganèse. 2gr
Oxyde de cobalt. 1gr,25

Nous avons fait des recherches en ce sens pour plusieurs lapidaires, en préparant nos poudres vitrifiables. Nous pourrions indiquer un grand nombre de formules avec des dosages divers qui ont donné des résultats à peu près identiques.

Le point principal, c'est d'obtenir une première fonte de cristal aussi limpide et aussi lourde que possible, et de tenir compte de la densité de la masse.

On réduit en poudre le cristal qui peut être considéré comme un fondant et qui nous sert souvent pour préparer les noirs et les bruns de peinture.

Il ne reste plus ensuite qu'à ajouter les oxydes colorants et à développer la couleur propre à chaque pierre par une seconde fusion, dans un creuset neuf, ou ne servant qu'à la fonte de la même couleur.

Le cristal de roche n'est pas nécessaire à la préparation d'un beau strass. Il donne un verre trop blanc. L'emploi de la silice pure corrige ce défaut qui n'est apparent, du reste, que sur la pierre blanche taillée en diamant.

Le fabricant de produits chimiques prépare la silice pure autrement que le chimiste de laboratoire.

On prend du silex blond ou noir qu'on calcine au rouge blanc dans un fourneau à réverbère. Il faut les laver au préalable avec une brosse dure dans l'eau chaude pour les débarrasser des impuretés du sol dont ils sont couverts.

On les jette, au sortir du feu, dans un baquet d'eau fraîche. Cette opération rend le silex friable. On le broie dans un mortier en porcelaine avec un pilon de même matière. On passe au tamis, et l'on a une poudre d'un beau blanc formée de silice presque pure, qui peut entrer dans la fonte du strass.

Il faudrait un gros volume pour traiter ces questions à fond, mais les limites de ce Traité s'y opposent.

Cette vue d'ensemble suffit pour le lecteur, qui ne lit que par goût et qui n'a pas l'intention de s'occuper de vitrification. Nous renvoyons aux ouvrages spéciaux ceux qui seraient séduits par ces travaux. Il reste encore beaucoup à trouver et beaucoup à perfectionner.

Oxyde d'aluminium (alumine). — La découverte de l'aluminium est due à Wohler. Mais ce n'est qu'en 1854 que M. Sainte-Claire-Deville put l'obtenir à l'état pur et en assez grande quantité pour faire une étude complète des propriétés de ce métal.

L'aluminium qui était considéré comme un métal précieux, a baissé de prix depuis quelques années. Il ne coûte plus aujourd'hui que 4^{fr} à 5^{fr} le kilogramme. On l'obtient dans le four à soude, par un mélange de chlorure double d'aluminium et de sodium, de cryolithe et de sodium coulé en lingots. On le purifie en le fondant dans un creuset avec de l'azotate de potasse.

Ce métal extrêmement léger n'est attaqué que par l'acide chlorhydrique, même dilué. L'acide azotique et l'acide sulfurique sont sans action sur lui.

Il est extrêmement sonore et les diapasons qui sont fabriqués avec l'aluminium ont d'excellentes vibrations.

L'aluminium est inaltérable à l'air sec et humide. Il ne forme qu'une seule combinaison avec l'oxygène connue sous le nom d'alumine.

Cet oxyde est très répandu dans la nature. On le trouve à l'état anhydre et hydraté. Il fait partie intégrante des argiles.

L'alumine pure est représentée par le corindon hyalin qui est, après le diamant, la substance la plus dure que l'on connaisse. Nous avons vu dans le Chapitre précédent, que le saphir, la topaze et le rubis étaient formés d'alumine cristallisée, colorée par les oxydes métalliques.

L'émeri qui sert à polir les corps durs est du corindon souillé par le fer. Cette poudre est beaucoup plus dur que le tripoli qui a la silice pour base.

L'alumine est indécomposable par la chaleur. Elle se colore en bleu vif, quand elle est chauffée avec l'azotate de cobalt, et en rose pâle avec la magnésie. Elle forme alors le *spinelle*.

On obtient l'alumine hydratée en précipitant un sel d'alumine par le carbonate d'ammoniaque.

L'hydrate d'alumine joue un rôle important dans l'art de la teinturerie. Elle se combine avec la plupart des matières colorantes et forme les composés insolubles connus sous le nom de *laques*. Les sels d'alumine sont employés en teinture comme mordants, pour fixer les matières colorantes sur les étoffes.

L'alumine est le radical de l'argile pure. La composition des argiles est variable. Elles ont toujours pour bases l'alumine et la silice hydratée.

L'argile blanche à porcelaine, nommée kaolin par les Chinois, est une combinaison de silice, d'alumine de chaux et d'une faible partie d'oxyde de fer.

L'argile à foulon, qui sert dans les manufactures à dégraisser les étoffes de laine, a la même composition que l'argile blanche. Elle contient en plus des traces de chaux.

L'argile figuline, glaise à modeler et à prendre des empreintes, est composée des mêmes éléments. Plus l'alumine domine, plus la terre est plastique.

Les argiles prennent au feu de la cohésion et de la retraite.

Le retrait de l'argile a donné l'idée d'un instrument propre à mesurer approximativement les hautes températures. Cet appareil est le pyromètre de Wedgwood. Il se compose de deux baguettes métalliques qui se croisent sous un angle aigu. De petits disques d'argile infusible d'un même diamètre sont portés dans la moufle. La diminution de leur diamètre, quand on les pousse entre les baguettes métalliques, indique la température du four. Ces disques pénètrent d'autant plus avant dans l'angle de l'appareil que la chaleur de la moufle a été plus intense.

Préparation de l'alumine pure. — On obtient l'alumine pure par double décomposition, en versant de la potasse pure dans une solution d'alun.

Le précipité est lavé avec soin, puis chauffé dans une capsule en verre.

On atteint le même résultat en calcinant jusqu'à la chaleur rouge l'alun ammoniacal. Tous les éléments étrangers qui entrent dans la composition de ce sel se volatilisent. Ce qui reste est de l'alumine pure.

Oxyde de magnésium. — Le magnésium isolé par M. Bussy s'enflamme au contact de l'acide chlorhydrique. L'action photochimique de ce métal en combustion n'est que trente-six fois moindre que celle du soleil. Une pose d'une seconde réglée au soleil exigerait trente secondes à la lumière du magnésium.

Le magnésium ne se combine que dans une seule proportion avec l'oxygène et forme l'oxyde connu sous le nom de magnésie.

Les sels hydratés de magnésium sont la base des eaux d'Epsom, de Sedlitz, de Pulna, de Seidschutz. L'oxyde de magnésium calciné est le purgatif que l'on connaît.

L'oxyde pur se prépare en décomposant, par la potasse, les sels de magnésie et en calcinant ensuite le précipité.

Oxyde de calcium. — Le calcium métallique a été isolé la première fois à la pile par Davy.

C'est un métal d'une couleur jaune clair, qui s'oxyde à l'air humide et se transforme en hydrate de chaux.

L'eau le décompose à la température ordinaire.

Il forme, en combinaison avec la chaux, du protoxyde et du bioxyde.

L'oxyde de calcium (la chaux) triple son volume en s'hydratant. On la nomme en cet état chaux délitée, chaux éteinte, et lait de chaux quand l'oxyde est en suspens dans l'eau.

La chaux en combinaison avec l'eau absorbe l'acide carbonique de l'air et acquiert une grande dureté. C'est à cette propriété que les anciennes constructions romaines doivent leur solidité.

L'oxyde de calcium combiné avec l'acide carbonique constitue toutes les variétés de carbonates de chaux : la craie, le marbre, le spath, l'aragonite.

La chaux et l'acide sulfurique forment le sulfate de chaux, c'est-à-dire le plâtre. Le chlorure de calcium dissout quinze fois son poids d'eau; réduit en poudre et mélangé avec la neige, il peut congeler le mercure.

La chaux s'obtient en calcinant dans des fours spéciaux les diverses espèces de carbonates de chaux.

On prépare la chaux hydraulique en mélangeant quatre parties de craie et une d'argile.

Le produit est ensuite calciné.

Potassium. — Le potassium a été isolé en 1807 par Davy. Conservé dans l'huile de naphte, il conserve son éclat métallique. A l'air, la couleur blanc d'argent se change en un ton grisâtre.

Ce métal est très avide d'oxygène, s'enflamme au contact d'un fer rouge et se transforme en potasse (oxyde de potassium).

Il décompose l'eau à la température ordinaire et s'empare de son oxygène. L'hydrogène est mis en liberté et le résidu est de la potasse.

Ce métal a permis d'isoler plusieurs corps simples : le silicium, l'aluminium, le bore, etc.

En combinaison avec l'oxygène, il forme l'oxyde de potassium, qui a une très grande affinité pour l'eau. Le résultat de cette nouvelle transformation est l'hydrate de potasse.

La potasse dissout l'alumine et la silice. Elle attaque le verre et la porcelaine.

Préparation. — On retire la potasse du carbonate de potasse contenu dans les cendres des végétaux, par lessivage. Les résidus sont ensuite calcinés.

On élimine la silice et les sels de phosphate et de carbonate de chaux mélangés à la potasse calcinée.

On l'obtient à l'état de pureté en la dissolvant dans l'alcool qui précipite les sels étrangers.

Sodium. — Le sodium a été obtenu par Davy, en décomposant la soude par un courant électrique.

Le sodium est un métal mou, mais brillant comme l'argent. Il décompose l'eau comme le potassium, à la température ordinaire.

Le sodium se combine avec l'oxygène en différentes proportions et forme les oxydes de sodium (soude).

On prépare l'hydrate de soude en décomposant le carbonate de soude par la chaux. On redissout dans l'alcool pour obtenir le produit à l'état pur.

L'industrie fabrique la soude en traitant le sulfate de soude extrait des marais salants.

Bore. — Le bore est un corps simple non métallique, d'un brun verdâtre qui forme l'acide borique en se combinant avec l'oxygène. Cet acide se trouve tout formé dans les *lagoni* de la Toscane. La propriété qu'il possède de dissoudre les oxydes métalliques le place en première ligne dans la céramique et dans la fabrication du verre.

Il a été signalé pour la première fois, en France, par Gay-Lussac et par Thénard, en 1800.

Une dissolution d'acide borique dans l'alcool brûle avec une flamme verte.

On le trouve dans la nature combiné avec la soude; il porte alors le nom de *borax*.

Étain. — L'étain était connu dans les temps les plus anciens. Il forme deux combinaisons avec l'oxygène, le protoxyde qui est gris, et le deutoxyde qui est d'un beau blanc. Comme on l'a vu, l'oxyde d'étain sert à donner de l'opacité aux émaux. On emploie le deutoxyde dans la verrerie fine.

On obtient l'oxyde gris en fondant le métal au contact de l'air. Allié au plomb, il donne par ce traitement la calcine qui est la base des émaux opaques.

On prépare le deutoxyde en dissolvant le métal à froid dans l'acide azotique.

La poudre blanche qui reste au fond du ballon est le bioxyde. Il doit être séché à une chaleur douce après lavage.

Arsenic. — L'arsenic est un métal blanc. Il se ternit au contact de l'air. Chauffé au rouge, il dégage une vapeur alliacée.

Tous les oxydes d'arsenic sont extrêmement

vénéneux. On emploie le deutoxyde dans la fabrication du verre. Il épure la fonte par sa volatilité.

Plomb. — Le plomb fond à 334°. Il se recouvre à l'air d'une couche noire de sous-oxyde, qui préserve l'intérieur du métal de l'oxydation.

Le plomb forme avec l'oxygène les sous-oxydes de plomb, qui sont connus sous le nom de minium, de plomb pur. L'oxyde de plomb fondu est la litharge.

L'oxyde de plomb combiné avec l'acide carbonique forme le carbonate de plomb qui se transforme, chauffé à une température moyenne, en mine orange. Il forme avec le carbonate de soude par double décomposition un précipité blanc connu sous le nom de céruse, qui joue un rôle important dans la fabrication du verre et de l'émail. La céruse est à elle seule un excellent fondant pour les couleurs brunes, terreuses. Nous avons indiqué l'importance de l'oxyde de plomb dans la préparation des verres destinés aux instruments d'optique.

Bismuth. — Le bismuth est d'un blanc gris. Il entre en fusion à la température de 247°.

Chauffé au contact de l'air, il se transforme en oxyde de bismuth.

Le protoxyde est blanc. Il est employé en céramique, à cause de sa grande fusibilité, pour la préparation de certains fondants. On l'obtient en décomposant par l'eau l'azotate de bismuth et en calcinant le précipité blanc.

Cet oxyde, d'une couleur jaune clair, se vitrifie et forme un verre jaune topaze. Il se combine avec la silice et communique une grande adhérence aux métaux précieux qui servent à la décoration du verre et de la porcelaine.

CHAPITRE II.

Oxydes colorants.

Nous venons de jeter un coup-d'œil rapide sur les oxydes métalliques et alcalins, sur les acides et sur les sels qui sont les bases de la vitrification, ne prenant à partie que les combinaisons qui sont spécialement employées dans la fabrication du verre et des couleurs vitrifiables. Il nous reste à dire quelques mots sur les oxydes colorants pour en étudier le mode de fabrication.

Nous connaissons déjà l'emploi qui en est fait pour fabriquer les verres de couleurs, les imitations de pierres fines et pour décorer le verre et la porcelaine.

Nous avons donné dans le *Traité pratique des Émaux photographiques* (1), le dosage des matières qui règle chaque couleur. Nous complèterons ce travail en indiquant les manipulations les plus

(1) Paris, Gauthier-Villars.

simples pour préparer les oxydes et les sels colorants.

Oxyde d'or. — L'or ne se combine pas directement avec l'oxygène, mais ce métal s'oxyde à divers degrés.

Nous n'avons à nous occuper ici que de l'oxyde qui donne la couleur pourpre. Le pourpre de Cassius est une combinaison d'or, d'étain et d'oxygène.

On prépare le stannate d'or en faisant dissoudre l'or et l'étain dans une eau régale composée en poids de :

Acide azotique	4 parties
Sel ammoniaque	1

$0^{gr},63$ d'or vierge sont dissous dans 31^{gr} de cette eau régale, et $3^{gr},20$ d'étain dans 23^{gr} de la même eau régale. On verse un poids égal d'eau dans le liquide qui doit réduire l'étain pour éviter une trop grande effervescence.

On ajoute à la dissolution stannifère une quantité d'eau égale à son volume, et l'on dilue la solution d'or avec de l'eau distillée pour arriver à la couleur jaune paille.

Les deux dissolutions sont mêlées après filtration. La combinaison de l'or et de l'étain laisse déposer un précipité violet qui est le stannate d'or.

On lira dans le *Traité pratique des Emaux photo-*

graphiques [1] une autre méthode pour la préparation de cette couleur. Le résultat est le même, mais l'opération exige plus de temps et plus de précision.

Dans la fabrication des verres doublés, on développe le ton rose sur le verre avec l'or fulminant, qu'on prépare en précipitant le chlorure d'or par l'ammoniaque liquide. Le précipité jaune est l'ammoniure d'or, qui détonne à l'état sec par le frottement. Ce produit est broyé dans l'essence grasse qui lui fait perdre sa propriété détonnante. On y ajoute, en triturant à la molette, du verre blanc réduit en poudre fine.

Le produit est mêlé aux sels vitrifiables au moment où ils sont introduits dans le creuset.

Oxyde d'argent. — On connaît trois combinaisons de l'argent avec l'oxygène : le sous-oxyde, le protoxyde et le bioxyde.

Mais c'est le chlorure d'argent qui produit la couleur jaune.

On prépare le chlorure d'argent en versant de l'acide chlorhydrique dans une dissolution d'azotate d'argent.

La couleur jaune s'obtient en mêlant une partie de colcotar avec une partie de chlorure d'argent. Le fer, si le feu est modéré, ne contracte aucune

(1) Paris, Gauthier-Villars

adhérence avec le verre, qui prend dans le moufle une belle couleur topaze.

Oxyde de manganèse. — Le manganèse forme six combinaisons avec l'oxygène.

L'oxyde de manganèse sert dans la verrerie à blanchir le verre qui sort du creuset avec une teinte.

Il communique à la fonte une couleur violette et la couleur grenat en mélange avec la pourpre de Cassius.

C'est avec le sulfate de manganèse qu'on prépare le carbonate. On verse du carbonate de soude dans une dissolution pure d'un sel de protoxyde.

Le sel de manganèse reste à l'état pur, exempt de fer. Ce métal nuirait à la couleur violette que le manganèse pur a communiquée aux émaux.

Oxyde de cobalt. — Le cobalt isolé en 1733 par Brand, chimiste suédois, était déjà employé au xve siècle pour colorer le verre en bleu. Il brûle avec une flamme rouge à une température élevée.

Le cobalt forme cinq combinaisons avec l'oxygène.

La fonte du protoxyde de cobalt et du verre donne des bleus très purs. Allié au borax, le protoxyde supporte les températures les plus élevées.

Les bleus sur porcelaine *au grand feu* sont dus à cette combinaison.

Un mélange d'oxyde de cobalt et d'oxyde de zinc produit un émail vert.

La combinaison de l'oxyde de cobalt avec l'oxyde de manganèse est rose.

Le sesquioxyde de cobalt est noir. Il est employé à l'état pur pour former, avec l'oxyde de cuivre, de manganèse et d'iridium, la couleur noire pour peindre sur porcelaine.

Le sesquioxyde de cobalt se prépare à l'état d'hydrate en attaquant le protoxyde de cobalt récemment précipité par l'hypochlorite de potasse. L'oxyde de cobalt sert à la fabrication des silicates. Le smalt est un silicate de cobalt. Le bleu Thénard est une combinaison d'alumine et de cobalt.

Oxyde de cuivre. — A la température rouge, le cuivre se couvre d'une couche noire. Sous l'influence de l'acide carbonique de l'air, la couche noire se change en vert-de-gris, qui est un hydrate et un carbonate de cuivre.

En combinaison avec l'oxygène, le cuivre forme plusieurs oxydes. Le protoxyde et le bioxyde ou, pour mieux dire, l'oxydule et le protoxyde sont les seules combinaisons utiles aux couleurs vitrifiables.

C'est à une préparation spéciale, mais connue aujourd'hui, que les porcelaines de Chine empruntent leurs belles couleurs pourpres et rouges. L'oxydule de cuivre communique au verre la couleur rouge rubis.

On obtient l'oxydule de cuivre à l'état d'hydrate en décomposant le sous-chlorure par la potasse.

Le bleu de montagne et la malachite sont colorés par le carbonate de cuivre.

Unie au silicate, le cuivre donne au verre qu'il rend opalin, différentes teintes allant du rouge foncé au rouge rubis.

Oxyde d'antimoine. — L'antimoine pur est d'un blanc bleuâtre. L'air n'a pas d'action sur lui, mais l'oxyde de ce métal se forme dans le moufle à la température rouge.

L'antimoine se combine avec l'oxygène en diverses proportions, et les oxydes résultants colorent le verre en jaune. —Sous le nom d'antimoine diaphorétique, il sert de bases aux couleurs jaunes opaques pour la peinture sur émail et sur porcelaine.

L'oxyde d'antimoine, comme couleur vitrifiable, n'était pas connu des anciens. Ils obtenaient la couleur jaune avec l'oxyde jaune de fer.

On prépare l'oxyde d'antimoine en pulvérisant au mortier l'antimoine métallique et on mêle :

Antimoine métallique.	1 partie.
Azotate de potasse.	1 partie et demie.

Les deux produits sont portés au rouge cerise dans un têt par petites quantités.

Le mélange s'enflamme et laisse un résidu de couleur blanche qu'on lave à l'eau sur un filtre.

La couleur jaune n'est fixe au feu qu'autant qu'on ajoute à l'oxyde d'antimoine une partie d'oxyde de plomb, et que les deux oxydes sont unis ensemble par une fusion préalable.

On a recours à la couleur jaune d'antimoine dans la verrerie commune pour remplacer le chlorure d'argent dont le prix est trop élevé.

Oxyde de chrome. — Le chrome s'obtient en mélangeant quatre parties de sesquioxyde de chrome et une partie de charbon. Il faut la haute température du feu de forge pour amener la combinaison.

Le chrome forme avec l'oxygène six combinaisons définies.

Le protoxyde, le sesquioxyde et l'acide chromique concourent seuls à la formation des chromates qui donnent la couleur verte.

On prépare le protoxyde en calcinant le chromate de mercure dans une cornue, et le chromate de mercure se forme par double décomposition en mélangeant une dissolution de nitrate de mercure neutre à une autre dissolution de chromate de potasse étendue d'eau.

Le précipité rouge est lavé. On le calcine quand il est sec à une température moyenne.

L'oxyde de chrome ne donne pas toujours des verts francs. On est forcé de le combiner avec les oxydes de cobalt, de zinc et d'alumine.

Acide chromique. — On prépare l'acide chromique en versant dans une dissolution concentrée de bichromate de potasse de l'acide sulfurique en excès. Le dépôt, après refroidissement, qui se présente sous forme d'aiguilles violacées, est l'acide chromique. On le rend pur par des lavages à l'eau, et par des cristallisations successives dans le vide.

L'acide chromique forme, avec la potasse, le chromate et le bichromate de potasse; avec la barite, le chromate de barite; avec le fer, le chromate de fer; avec le sulfate d'alumine, l'alun de chrome.

Oxyde de fer. — On connait trois combinaisons du fer avec l'oxygène : le protoxyde, le sesquioxyde et le peroxyde. Le peroxyde joue un rôle très important dans la composition des couleurs de peinture.

Cet oxyde donne une série de couleurs qui descendent depuis le rouge orangé jusqu'au brun violet. Le violet de fer que nous préparons pour donner aux émaux une teinte photographique, est l'oxyde violet dont nous parlons.

Suivant l'intensité du coup de feu, l'oxyde de fer sort de la moufle rouge clair, rouge carminé, rouge laqueux.

Mélangé à l'alumine, il passe à la couleur orange, et avec le zinc au brun jaune.

On prépare ces couleurs en calcinant à un feu doux les cristaux de sulfate de fer réduits en poudre.

Après une première fusion aqueuse, le produit se dessèche et ne tarde pas à prendre la teinte jaune orange, puis la teinte rouge chair ; elle passe après au rouge foncé, et enfin à la teinte violette.

On s'assure de la teinte obtenue en retirant du têt quelques parcelles du produit et l'on arrête l'opération quand on est arrivé au ton cherché.

Quelle que soit l'intensité du feu, on n'atteint pas le ton noir.

L'oxyde, qui paraît noir à l'œil, passe au ton brun en s'hydratant dans la porphyrisation nécessaire à la préparation du noir de peinture.

Nous sommes cependant arrivés à obtenir un noir intense à la suite de nombreux essais et après des tentatives infructueuses qui ont duré plusieurs années.

Il est de la plus haute importance de produire un noir intense pour préparer la couleur noire nécessaire à l'obtention des émaux photographiques par poudrage.

L'oxyde est noir vu en masse, mais il reste gris

sous une faible épaisseur et donne dans le développement au blaireau des épreuves sans vigueur et de couleur brune.

Il est vrai qu'on peut arriver, avec l'oxyde de fer imparfait dont nous parlons, à préparer un oxyde d'un noir intense ; mais il faut alors faire entrer dans la couleur un excès d'oxyde de cobalt et une proportion notable d'oxyde d'iridium.

L'oxyde de cobalt en trop grande quantité rend la vitrification de l'émail très difficile comme exécution. Au moindre coup de feu, cet oxyde noir se combine avec la pâte de l'émail et l'épreuve passe au ton bleu. Elle devient pâle et semblable à une photographie qui a séjourné trop longtemps dans le virage.

L'oxyde d'iridium corrigerait ce défaut capital, si le métal était d'un prix moins élevé. Le fabricant ne peut l'employer qu'avec ménagement.

Il faut donc demander l'intensité de la couleur à l'oxyde de fer, qui reste fixe et qui ne se combine pas avec le silicate d'étain de la plaque à la température du four d'émailleur.

Nous préparons l'oxyde noir en faisant dissoudre le sulfate de fer dans l'eau tiède et en y mêlant une solution concentrée d'acide oxalique ou de sel marin.

Après avoir lavé le précipité à plusieurs eaux, nous l'introduisons à l'état sec dans un creuset hermétiquement fermé et lutté et nous l'abandonnons pendant plusieurs heures à une température égale à celle du feu de forge. Nous donnons au feu une telle intensité, que l'oxyde de fer qui occupe le fond du creuset repasse à l'état métallique.

Le tour de main consiste à ne recouvrir le creuset qu'après refroidissement. On le retire quand le feu est éteint et quand le fourneau est redescendu à la température ordinaire.

Dans ces conditions même, l'oxyde calciné au point voisin de sa réduction en fer métallique reprendrait le ton violacé roussâtre, si le creuset était ouvert pendant l'incandescence.

L'oxygène de l'air se précipiterait immédiatement sur l'oxyde et le transformerait en oxyde violacé dans les deux tiers de l'épaisseur du culot.

Oxyde d'iridium. La découverte de l'iridium est récente, Tenant et Collet-Descatels l'ont isolé simultanément en 1803.

L'iridium est infusible au feu de forge. Ce métal a l'éclat de l'acier poli. L'eau régale ne peut l'attaquer que lorsqu'il est allié au platine.

On obtient le noir d'iridium en soumettant à la chaleur une dissolution de sulfate de bioxyde d'iridium. L'iridium n'est employé en céramique que depuis peu. Les oxydes qu'il fournit se prêtent mieux à toutes les combinaisons faites pour préparer des couleurs noires stables.

Le sesquioxyde est obtenu en attaquant le métal par les azotates alcalins.

Oxyde de platine. — On connait deux oxydes de platine. Ce métal entre dans la préparation des gris de peinture. Les gris faits avec les oxydes de fer, de cobalt, de cuivre et de manganèse subissent des modifications dans le moufle, tandis que ces mêmes couleurs dérivées du platine restent fixes. Le décorateur n'éprouve jamais de mécompte en les employant.

On réduit le platine en poudre et on le mêle au fondant pour former la couleur. Le platine se précipite en poudre noire en traitant une solution de chlorure de platine par le sel ammoniaque. On chauffe jusqu'à l'évaporation de la base ammoniacale.

FIN.

TABLE DES MATIÈRES.

PRÉLIMINAIRES.

PREMIÈRE PARTIE.

CHAPITRE I.

Pages.

CHAPITRE II.

CHAPITRE III.

CHAPITRE IV.

CHAPITRE V.

CHAPITRE VI.

CHAPITRE VII.

SECONDE PARTIE.

CHAPITRE I.

Pages.

CHAPITRE II.

FIN DE LA TABLE DES MATIÈRES.

Paris. — Imp. Gauthier-Villars, 55, quai des Grands-Augustins.

TRAITÉ ÉLÉMENTAIRE D'ÉLECTRICITÉ

AVEC LES

PRINCIPALES APPLICATIONS;

Par R. COLSON,

Capitaine du Génie.

IN-18 JÉSUS, AVEC 91 FIGURES DANS LE TEXTE; 1885.
PRIX : 3 FR. 75 C.

Préface de l'Auteur.

Ce petit Traité a pour but d'exposer et surtout de faire comprendre, en peu de pages, les éléments de l'électricité et les principes de ses applications les plus importantes.

Il s'adresse donc, d'une manière générale, à tous ceux qui commencent l'étude de l'électricité au point de vue pratique, et leur permet de se mettre rapidement au courant de ce qui se dit, se fait et se publie aujourd'hui dans le domaine, déjà si vaste et chaque jour plus étendu, de ces merveilleuses applications. Ils y trouveront, pour ainsi dire, le tronc et les gros rameaux de cette science, et pourront ensuite développer leurs connaissances dans telle ou telle branche au moyen, soit des appareils eux-

★

mêmes, soit des Traités spécialement consacrés à chacune d'elles.

Afin de faciliter l'intelligence des notions fondamentales, j'ai adopté une marche et une comparaison qui m'ont servi pour ma formation personnelle, et qui me sont encore souvent utiles dans le service et l'instruction dont je suis chargé ; le lecteur en retirera sans doute aussi quelque profit. Ainsi, je mets en tête le Chapitre relatif aux courants, y trouvant l'avantage d'arriver d'une façon simple et commode à la notion si importante du potentiel.

On s'étonnera peut-être de ne pas rencontrer, dès les premières lignes, une définition de l'électricité : c'est que, en présence de l'ignorance où nous sommes sur la nature de cet agent physique, et de la grande variété des phénomènes par lesquels il se manifeste, il me semble que cette définition doit plutôt être considérée comme une conclusion ressortant de l'étude de ces phénomènes ; aussi est-elle placée, non au commencement, mais à la fin du premier Chapitre, après un exposé sommaire des différents effets des courants.

Je me suis efforcé, dans les six premiers Chapitres, de donner des idées justes et claires sur les notions fondamentales, qu'il est indispensable d'approfondir et de bien comprendre, si l'on veut étudier avec fruit les Chapitres suivants : ceux-ci sont consacrés aux principales applications ; à chacune d'elles j'ai attribué un développement proportionné à son importance, en tenant compte des limites restreintes que je me suis imposées, et des derniers progrès réalisés jusqu'au moment de l'impression.

Avertissement de l'Éditeur.

Lorsqu'on veut aujourd'hui, avec un bagage scientifique datant de quelques années, se mettre au courant de la science électrique actuelle, on se heurte inévitablement à de grosses difficultés. On commence, en effet, par relire les traités de Physique, pour se remettre en mémoire des notions qu'on a possédées, mais qu'on a plus ou moins oubliées ; puis on ouvre les livres spéciaux qui exposent les applications dans leur état actuel avec tous les développements que comportent les progrès considérables réalisés par cette science dans ces dernières années. Mais on s'aperçoit bien vite qu'un pas immense a été franchi ; le langage n'est plus le même, et se ressent de la transformation par laquelle l'électricité a cessé d'être exclusivement théorique pour entrer dans le domaine de la pratique; de nouvelles expressions ont été introduites, des phénomènes dont il était à peine question dans les traités de Physique donnent lieu maintenant à des applications importantes, tandis que d'autres, qui tenaient une grande place dans ces traités, ne sont d'aucune utilité pour le praticien ; on est comme perdu dans une région inconnue, au milieu de volts, d'ohms, d'ampères, etc., et d'une profusion de piles primaires et secondaires, de machines, lampes, télégraphes, téléphones, microphones, moteurs et appareils de toutes sortes, au milieu desquels on cherche en vain un fil conducteur. Pour trouver ce fil, il faut alors reprendre un à un tous ces appareils, les disséquer pour ainsi dire, en s'entourant de renseignements puisés à différentes sources au courant de la science, et remonter péniblement et lentement aux lois initiales, qui sont éparses dans les traités de Physique. C'est une œuvre très longue, très laborieuse, et pour laquelle il est nécessaire de consulter un grand nombre d'ouvrages, que l'on n'a d'ailleurs pas toujours à sa disposition.

Chargé de l'étude et de la construction d'appareils électriques, ainsi que de l'instruction des Officiers auxquels ces appareils sont confiés, l'Auteur est passé par ces différentes phases, et a dû procéder à un travail de formation, à cette nouvelle éducation, qui lui a été facilitée par la pratique même des différentes branches de l'électricité ; possédant le fil conducteur, il pense être utile en l'indiquant à tous ceux qui, par fonctions ou par goût, veulent se mettre au courant de la science électrique actuelle par des moyens simples et rapides.

L'Auteur a donc résumé, coordonné et s'est surtout appliqué à faire comprendre, par une méthode qui lui est propre, les quelques lois très simples qui servent de base aux applications de l'électricité, en insistant particulièrement sur les notions fondamentales, si importantes, et sur certains points délicats qu'il est essentiel d'approfondir, tels que le potentiel, l'utilisation des sources d'électricité et de leurs circuits, le transport de la force, etc.

Cet Ouvrage comprend non seulement l'explication des notions théoriques et des principes des applications les plus importantes, mais encore la description sommaire des appareils les plus employés, avec un nombre suffisant de chiffres destinés à fixer les idées, en tenant compte des progrès réalisés jusqu'au moment de l'impression. C'est donc à la fois un *traité* pour l'instruction élémentaire, un *guide* aidant à comprendre les applications et une *introduction* aux Ouvrages plus savants et plus détaillés. Mis à la portée de tous, il comble une lacune, et est destiné à rendre service à ceux qui, en nombre de plus en plus grand, sont désireux de connaître et de comprendre les merveilles de l'électricité.

Table des matières

Comparaison et usage des différentes sortes de lumière électrique. — Production du courant. — *Conducteurs.* — *Expressions du rendement lumineux.*

CHAP. IX. — MOTEURS ÉLECTRIQUES. — TRANSPORT DE FORCE. — *Transport de force.* — Principe. — Force contre-électromotrice. — Source génératrice. — Machine réceptrice. — Discussion du travail total, du travail utile et du rendement électrique. — Conséquences. — Influence des dérivations. — Rendement mécanique. — Exemples de transport de force. — *Différentes applications des moteurs électriques.*

CHAP. X. — TÉLÉGRAPHIE. — *Principe.* — Appareil transmetteur; Appareil récepteur. — *Classification des appareils.* — 1° Appareils optiques. — 2° Appareils acoustiques. — 3° Appareils enregistreurs (télégraphe Morse; télégraphe Wheatstone; télégraphe chimique). — 4° Appareils imprimeurs (télégraphes à échappement; télégraphes à mouvements synchroniques; télégraphes à mouvements électrosynchroniques). — 5° Appareils autographiques (télégraphes Caselli et d'Arlincourt). — *Transmission multiple.* — 1° Système duplex. — 2° Système diplex. — 3° Systèmes à transmission multiple simultanée. — 4° Systèmes à transmission multiple successive. — *Rapidité de transmission.* — *Accessoires des postes.* — Sonnerie. — Commutateur. — Galvanomètre. — Paratonnerre. — Relais. — *Lignes.* — Lignes aériennes. — Rôle de la terre. — Courants terrestres. — Isolement. — Lignes souterraines. — Lignes sous-marines. — *Sources d'électricité.*

CHAP. XI. — TÉLÉPHONIE. — MICROPHONIE. — *Téléphones magnétiques.* — Principe. — Transmetteur; Récepteur. — Téléphones Bell, Gower, Ader, d'Arsonval, Colson. — Considération des lignes de force. — Réglage. — Sensibilité du téléphone. — *Avertisseurs.* — Appel Sieur. — Sonnerie polarisée. — Appel Abdank-Abakanowicz. — *Téléphones à pile et Microphones.* — Microphones Hughes, Ader, de l'Auteur. — Avertisseurs. — Bobine d'induction. — *Condensateurs.* — *Conducteurs.* — Utilisation des lignes télégraphiques d'après le système van Rysselberghe.

CHAP. XII. — DISTRIBUTION DE L'ÉNERGIE. — *Distribution de l'énergie.* — Conditions à remplir. — Distribution à intensité constante, à différence de potentiel constante. — Distribution Marcel Deprez. — Transformateurs. — Distribution Gaulard et Gibbs.

Paris. — Imp. Gauthier-Villars, 55, quai des Grands Augustins.

CATALOGUE DE PHOTOGRAPHIE.

Audra. — *Le gélatinobromure d'argent.* Nouveau tirage. In-18 jésus; 1886. 1 fr. 75 c.

Baden-Pritchard (H.), directeur du *Year-Book of Photography.* — *Les Ateliers photographiques de l'Europe.* (Descriptions, particularités anecdotiques, procédés nouveaux, secrets d'atelier.) Traduit de l'anglais sur la 2e édition, par Ch. BAYE. In-18 jésus, avec figures dans le texte; 1885. 5 fr.

On vend séparément

Ier Fascicule : *Les ateliers de Londres.* 2 fr. 50 c.
IIe Fascicule : *Les ateliers d'Europe.* 3 fr. 50 c.

Boivin (F.). — *Procédé au collodion sec.* 3e édition, augmentée du formulaire de Th. Sutton, des tirages aux poudres inertes (procédé au charbon), ainsi que de notions pratiques sur la Photographie, l'Électrogravure et l'Impression à l'encre grasse. In-18 jésus; 1883. 1 fr. 50 c.

Bulletin de la Société française de Photographie. Grand in-8, mensuel. 2e SÉRIE, 2e année; 1886.

Prix pour un an : Paris et les départements. 12 fr.
Étranger. 15 fr.

1re *Série*, 30 volumes grand in-8, années 1855 à 1884. Une collection de ces 30 volumes est à vendre.

On peut se procurer les années qui composent la 1re Série, sauf 1855, 1856, 1881, 1883, 1885, au prix de 12 fr. l'une, les numéros au prix de 1 fr. 50 c., et la Table décennale par ordre de matières et par noms d'auteurs des Tomes I à X (1855 à 1864), au prix de 1 fr. 50 c.

La 2e *Série*, commencée en 1885, continue à paraître chaque mois.

Burton (W.-K.). — *A B C de la Photographie moderne* contenant des instructions pratiques sur le *Procédé sec à la gélatine.* Traduit de l'anglais sur la 3e édition, par G. HUBERSON. In-18 jésus avec figures dans le texte; 1884. 2 fr. 25 c.

Chardon (Alfred). — *Photographie par émulsion sèche au bromure d'argent pur* (Ouvrage couronné par le Ministre de l'Instruction publique et par la Société française de Photographie). Gr. in-8, avec fig.; 1877. 4 fr. 50 c.

Chardon (Alfred). — *Photographie par émulsion sensible au bromure d'argent et à la gélatine.* Grand in-8, avec figures; 1880. 3 fr. 50 c.

Clément (R.). — *Méthode pratique pour déterminer exactement le temps de pose en Photographie,* applicable à tous les procédés et à tous les objectifs, indispensable pour l'usage des nouveaux procédés rapides. 2e édition. In-18; 1884. 1 fr. 50 c.

Cordier (V.). — *Les insuccès en Photographie; causes et remèdes.* 5e édit. avec fig. In-18 jésus; 1885. 1 fr. 75 c.

Davanne. — *La Photographie. Traité théorique et pratique.* 2 beaux volumes grand in-8, avec nombreuses figures. On vend séparément :

1re Partie : Notions élémentaires. — Historique. — Épreuves négatives. — Principes communs à tous les procédés négatifs. — Épreuves sur albumine, sur collodion, sur gélatinobromure d'argent, sur pellicules, sur papier, avec 2 planches spécimens et 120 figures dans le texte; 1886. 16 fr.

2e Partie : Épreuves positives : Daguerréotype. — Épreuves sur verre et sur papier. — Épreuves aux sels de platine, de fer, de chrome (procédé au charbon). — Impressions photomécaniques. — Divers : Agrandissements. — Micrographie. — Stéréoscope. — Les couleurs en Photographie. — Notions élémentaires de Chimie; vocabulaire. (*Sous presse.*)

Davanne. — *Les Progrès de la Photographie.* Résumé comprenant les perfectionnements apportés aux divers procédés photographiques pour les épreuves négatives et les épreuves positives, les nouveaux modes de tirage des épreuves positives par les impressions aux poudres colorées et par les impressions aux encres grasses. In-8; 1877. 6 fr. 50 c.

Davanne. — *Notice sur la vie et les travaux de Poitevin.* In-8, avec figures; 1882. 75 c.

Dumoulin. — *La Photographie sans laboratoire* (Procédé au gélatinobromure. Agrandissement simplifié). In-18 jésus; 1886 1 fr. 50 c.

Dumoulin. — *Manuel élémentaire de Photographie au collodion humide.* In-18 jésus, avec figures. 1 fr. 50 c.

Dumoulin. — *Les Couleurs reproduites en Photographie.* Historique, théorie et pratique. In-18 jésus. 1 fr. 50 c.

Fabre (C.). — *La Photographie sur plaque sèche. — Émulsion au coton-poudre avec bain d'argent.* In-18 jésus; 1880. 1 fr. 75 c.

Fortier (G.). — *La Photolithographie, son origine, ses procédés, ses applications.* Petit in-8, orné de planches, fleurons, culs-de-lampe, etc., obtenus au moyen de la Photolithographie; 1876. 3 fr. 50 c.

Geymet. — *Traité pratique de Photographie* (Éléments complets, Méthodes nouvelles, Perfectionnements), suivi d'une Instruction sur le *procédé au gélatinobromure.* 3e édition. In-18 jésus; 1885. 4 fr.

Geymet. — *Traité pratique du procédé au gélatinobromure.* In-18 jésus; 1885. 1 fr. 75 c.

Geymet. — *Éléments du procédé au gélatinobromure.* In-18 jésus; 1882. 1 fr.

Geymet. — *Traité pratique de Photolithographie et de Phototypie.* 2e tirage. In-18 jésus; 1882. 5 fr.

Geymet. — *Traité pratique de Photogravure sur zinc et sur cuivre.* In-18 jésus; 1886. 4 fr. 50 c.

Geymet. — *Traité pratique de Gravure héliographique et de Galvanoplastie.* 3e édition. In-18 jésus; 1885.

Geymet. — *Traité pratique des émaux photographiques. Secrets* (tours de main, formules, palette complète, etc.), à *l'usage du photographe émailleur sur plaques et sur porcelaines*. 3e édition In-18 jésus; 1886. 5 fr.

Geymet. — *Traité pratique de Céramique photographique.* Epreuves irisées or et argent (Complément du *Traité des émaux photographiques*). In-18 jésus; 1885. 2 fr. 75 c.

Godard (E.). Artiste peintre décorateur. — *Traité pratique de peinture et dorure sur verre. Emploi de la lumière; application de la Photographie.* Ouvrage destiné aux peintres, décorateurs, photographes et artistes amateurs. In-18 jésus; 1885. 1 fr. 75 c.

Hannot (le capitaine), Chef du service de la Photographie à l'Institut cartographique militaire de Belgique. — *Exposé complet du procédé photographique à l'émulsion* de M. Warnerke, lauréat du Concours international pour le meilleur procédé au collodion sec rapide, institué par l'Association belge de Photographie en 1876. In-18 jésus; 1880. 1 fr. 50 c.

Huberson. — *Formulaire pratique de la Photographie aux sels d'argent.* In-18 jésus; 1878. 1 fr. 50 c.

Huberson. — *Précis de Microphotographie.* In-18 jésus, avec figures dans le texte et une planche en photogravure; 1879. 2 fr.

Journal de l'Industrie photographique, *Organe de la Chambre syndicale de la Photographie.* Grand in-8, mensuel. 7e année; 1886.

Prix pour un an : Paris, France, Étranger. 7 fr.

Les volumes des années précédentes se vendent séparément. 5 fr.

Londe (A.). — *La Photographie instantanée* In-18 jésus, avec belles figures dans le texte; 1886. 2 fr. 75 c.

Moock. — *Traité pratique complet d'Impressions photographiques aux encres grasses et de Phototypographie et Photogravure.* 2e édition, beaucoup augmentée. In-18 jésus; 1877. 3 fr.

Odagir (H.). — *Le procédé au gélatinobromure*, suivi d'une Note de Milsom sur les clichés portatifs et de la traduction des Notices de Kennett et du Rév. G. Palmer. In-18 jésus, avec figures dans le texte. 3e tirage; 1885. 1 fr. 50 c.

O'Madden (le Chevalier C.). — *Le Photographe en voyage.* Emploi du gélatinobromure. Installation en voyage. Bagage photographique. In-18; 1882. 1 fr.

Pélegry, Peintre amateur, Membre de la Société photographique de Toulouse. — *La Photographie des peintres, des voyageurs et des touristes. Nouveau procédé sur papier huilé*, simplifiant le bagage et facilitant toutes les opérations, avec indications de la manière de construire soi-même les instruments nécessaires. 2e tirage. In-18 jésus, avec un spécimen; 1885. 1 fr. 75 c.

Perrot de Chaumeux (L.). — *Premières Leçons de Photographie.* 4e édition, revue et augmentée. In-18, avec figures; 1882. 1 fr. 50 c.

Pierre Petit (Fils). — *Manuel pratique de Photographie.* In-18 jésus, avec figures dans le texte; 1883. 1 fr. 50 c.

Pierre Petit (Fils). — *La Photographie artistique. Paysages, Architecture, Groupes et Animaux.* In-18 jésus ; 1883. 1 fr. 25 c.

Pierre Petit (Fils). — *La Photographie industrielle.* Vitraux et émaux. Positifs microscopiques. Projections. Agrandissements. Linographie. Photographie des infiniment petits. Imitations de la nacre, de l'ivoire, de l'écaille. Editions photographiques. Photographie à la lumière électrique, etc. In-18 jésus ; 1883. 2 fr. 25 c.

Piquepé (P.). — *Traité pratique de la Retouche des clichés photographiques,* suivi d'une *Méthode très détaillée d'émaillage* et de *Formules* et *Procédés divers.* 2e tirage. In-18 jésus, avec deux photoglypties ; 1885. 4 fr. 50 c.

Pizzighelli et Hübl. — *La Platinotypie. Exposé théorique et pratique d'un procédé photographique aux sels de platine, permettant d'obtenir rapidement des épreuves inaltérables.* Traduit de l'allemand par Henry Gauthier-Villars. In-8, avec une planche spécimen ; 1883. 3 fr. 50 c.

Poitevin (A.). — *Traité des impressions photographiques;* suivi d'Appendices relatifs aux procédés usuels *de Photographie négative et positive sur gélatine, d'héliogravure, d'hélioplastie, de photolithographie, de phototypie, de tirage au charbon, d'impressions aux sels de fer, etc.,* par Léon Vidal. — In-18 jésus, avec un portrait phototypique de Poitevin. 2e édition, entièrement revue et complétée ; 1883. 5 fr.

Radau (R.). — *La Photographie et ses applications scientifiques.* In-18 jésus ; 1878. 1 fr. 75 c.

Robinson (H.-P.). — *De l'effet artistique en Photographie, Conseils aux Photographes sur l'art de la composition et du clair obscur.* Traduction française de la 2e édition anglaise, par Hector Colard, Membre de l'Association belge de Photographie. Grand in-8 avec figures ; 1885. 3 fr 50 c.

Robinson (H.-P). — *La Photographie en plein air. Comment le photographe devient un artiste.* Traduit de l'anglais par Hector Colard, Membre de l'Association belge de Photographie. 2 volumes se vendant séparément :

1re Partie. — Des plaques à la gélatine. — Nos outils. — De la composition. — De l'ombre et de la lumière. — A la campagne. — Ce qu'il faut photographier. — Des modèles. — De la genèse d'un tableau. — De l'origine des idées. In-8 avec figures dans le texte et 2 planches photolithographiques ; 1886. 2 fr. 75 c.

2e Partie. — Des sujets. — Qu'est-ce qu'un paysage ? — Des figures dans le paysage. — Un effet de lumière. — Le Soleil. — Sur terre et sur mer. — Le Ciel. — Des animaux. — Vieux habits ! — Du portrait fait en dehors de l'atelier. — Points forts et points faibles d'un tableau. — Conclusion. In-8 avec figures et 2 planches photolithographiques ; 1886. 2 fr. 50 c.

Rodrigues (J.-J.), Chef de la Section photographique et artistique. — *Procédés photographiques et méthodes diverses d'impressions aux encres grasses,* employés à la Section photographique et artistique. Grand in-8 ; 1879. 2 fr. 50 c.

Roux (V.). — *Traité pratique de la transformation des négatifs en positifs, servant à l'héliogravure et aux agrandissements.* In-18; 1881. 1 fr.

Roux (V.), Opérateur au Ministère de la Guerre. — *Manuel opératoire pour l'emploi du procédé au gélatinobromure d'argent.* Revu et annoté par M. Stéphane Geoffray. 2e édition, augmentée de nouvelles Notes. In-18; 1885. 1 fr. 75 c.

Roux (V.). — *Traité pratique de gravure héliographique en taille-douce, sur cuivre, bronze, zinc, acier, et de galvanoplastie.* In-18 jésus; 1886. 1 fr. 25 c.

Roux (V.). — *Traité pratique de Zincographie.* Photogravure. Autogravure. Reports, etc. In-18 jésus; 1885. 1 fr. 25 c.

Roux (V.). — *Manuel de Photographie et de Calcographie*, à l'usage de MM. les graveurs sur bois, sur métaux, sur pierre et sur verre. (Transports pelliculaires divers. Reports autographiques et reports calcographiques. Réductions et agrandissements. Nielles.) In-18 jésus; 1886. 1 fr. 25 c.

Roux (V.). — *Manuel de l'Imprimeur héliographe.* (Impressions en taille-douce, en noir et en couleur. Vernis et encres. Mélanges et superposition des couleurs. Impressions diverses. Typochromie. Papiers, etc.). In-18 jésus; 1886. 1 fr.

Russel (C.). — *Le Procédé au Tannin*, traduit de l'anglais par M. Aimé Girard. 2e édition. In-18 jésus, avec figures. 2 fr. 50 c.

Sauvel (Ed.), Avocat au Conseil d'État et à la Cour de cassation. — *Des œuvres photographiques et de la protection légale à laquelle elles ont droit.* In-18; 1880. 1 fr. 50 c.

Spiller (A.). — *Douze leçons élémentaires de Chimie photographique.* Traduit de l'anglais par Hector Colard. Grand in-8; 1883 2 fr.

Tissandier (Gaston). — *La Photographie en ballon*, avec une épreuve photoglyptique du cliché obtenu par MM. Gaston Tissandier et Jacques Ducom, à 600m au-dessus de l'île Saint-Louis, à Paris. In-8 avec figures; 1886. 2 fr. 25 c.

Trutat (E.). — *La Photographie appliquée à l'Archéologie*; Reproduction des *Monuments, Œuvres d'art, Mobilier, Inscriptions, Manuscrits.* In-18 jésus, avec 5 photolithogr.; 1879. 2 fr. 50 c.

Trutat (E.) — *La Photographie appliquée à l'Histoire naturelle.* In-18 jésus avec 58 belles figures dans le texte et 5 planches spécimens en phototypie, d'Anthropologie, d'Anatomie, de Conchyliologie, de Botanique et de Géologie; 1884. 4 fr. 50 c

Trutat (E.). — *Traité pratique de Photographie sur papier négatif par l'emploi de couches de gélatinobromure d'argent étendues sur papier.* In-18 jésus, avec figures dans le texte et 2 planches spécimens; 1883. 3 fr.

Viallanes (H.), docteur ès sciences et docteur en médecine. — *Microphotographie. La Photographie appliquée aux études d'Anatomie microscopique.* In-18 jésus, avec une planche phototypique et figures; 1886. 2 fr.

Vidal (Léon), Officier de l'Instruction publique, Professeur à l'École nationale des Arts décoratifs. — *Traité pratique de Photographie au charbon*, complété par la description de divers *Procédés d'impressions inaltérables (Photochromie et tirages photomécaniques)*. 3e édition. In-18 jésus, avec une planche spécimen de photochromie et 2 planches spécimens d'impression à l'encre grasse; 1877. 4 fr. 50 c.

Vidal (Léon). — *Traité pratique de Phototypie*, ou *Impression à l'encre grasse sur couche de gélatine*. In-18 jésus, avec belles figures et 2 planches spécimens; 1879. 8 fr.

Vidal (Léon). — *La photographie appliquée aux arts industriels de reproduction*. In-18 jésus, avec figures; 1880. 1 fr. 50 c.

Vidal (Léon). — *Traité pratique de Photoglyptie*, avec ou sans presse hydraulique. In-18 jésus, avec 2 planches photoglyptiques hors texte et nombreuses gravures dans le texte; 1881. 7 fr.

Vidal (Léon). — *Calcul des temps de pose et Tables photométriques*, pour l'appréciation des temps de pose nécessaires à l'impression des épreuves négatives à la chambre noire, en raison de l'intensité de la lumière, de la distance focale, de la sensibilité des produits, du diamètre du diaphragme et du pouvoir réducteur moyen des objets à reproduire. 2e édition. In-18 jésus, avec tables; 1884. Broché 2 fr. 50 c.
Cartonné 3 fr.

Vidal (Léon). — *Photomètre négatif*, avec une Instruction. Renfermé dans un étui cartonné. 5 fr.

Vidal (Léon). — *Manuel du touriste photographe*. 2 volumes in-18 jésus, avec 2 planches spécimens et nombreuses figures. On vend séparément :

1re Partie : Couches sensibles négatives. — Objectifs. — Appareils portatifs. — Obturateurs rapides. — Pose et Photométrie. — Développement et fixage. — Renforçateurs et réducteurs. — Vernissage et retouche des négatifs; 1885. 6 fr.

2e Partie : Impressions positives aux sels d'argent et de platine. — Retouche et montage des épreuves. — Photographie instantanée. — Appendice indiquant les derniers perfectionnements. — Devis de la première dépense à faire pour l'achat d'un matériel photographique de campagne et prix courant des produits les plus usités; 1885. 4 fr.

Vidal (Léon.). — *La Photographie des débutants*. Procédé négatif et positif. In-18 jésus, avec figures; 1886. 2 fr. 50 c.

Vidal (Léon). — *Cours de reproductions industrielles. Exposé des principaux procédés de reproductions graphiques, héliographiques, plastiques, hélioplastiques et galvanoplastiques.* In-12 avec figures et 27 planches spécimens (Gillotage, Gravure au burin, Héliochromie, Isographie, Lithochromie, Lithographie, Photoglyptie, Photogravure, Phototypie, Phototypographie, Platinotypie, Simili-gravure, etc.) 10 fr.

Vieuille (G.). — *Guide pratique du photographe amateur*. In-18 jésus; 1885. 2 fr.

Paris. — Imp. Gauthier-Villars, 55, quai des Grands-Augustins

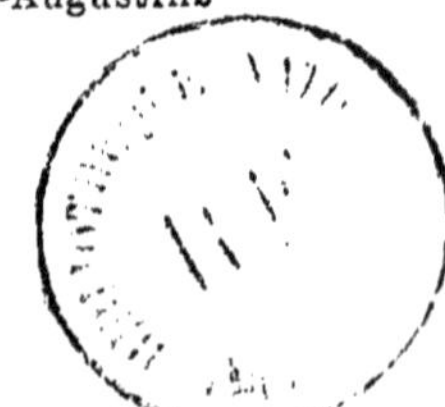

www.ingramcontent.com/pod-product-compliance
Ingram Content Group UK Ltd.
Pitfield, Milton Keynes, MK11 3LW, UK
UKHW020247180726
13839UKWH00001B/231